원칙의 힘

초일류국가 미국을 만든 정신은 링컨의 원칙주의다

원칙의 힘
Power of Principle
Abraham Lincoln

김형곤 지음

살림Biz

들어가는 말 ● ○ ○
미국의 정신, 링컨

　미국을 여행하면 누구나 링컨을 만날 수 있다. 그것도 한 번 스쳐 지나는 것이 아니라 미국에 있는 내내 링컨과 같이 생활할 수 있다. 미국 여행을 준비하면서부터 우리는 링컨을 만나게 된다. 은행에서 5달러짜리 지폐를 바꿔보라. 거기에 링컨이 있다. 미국 공항에 내리면 리무진 링컨이 우리를 태우고 링컨 거리와 링컨 다리를 건너 링컨 호텔로 데려다 준다.
　텔레비전을 켜면 링컨에 관한 다양한 프로그램을 볼 수 있다. 비즈니스를 위해 링컨 호텔을 나와서 링컨 택시를 탄다. 택시를 타고 가다 창밖으로 눈을 돌리면 멀리 링컨 산이 보인다. 그 옆에는 링컨 바위가 있다. 내가 들어간 빌딩이 링컨 광장 옆의 링컨 빌딩일 수도 있다.
　필요해서건 또는 지적 욕구 때문이건 서점에 들른다면 링컨에 관한 수천 종의 책과 잡지를 접할 수 있다. 리더십 관련 단체나 기관을 방문

한다면 그곳에 있는 내내 링컨과 함께할 수 있다. 다시 말해 미국을 여행하는 사람이라면 누구라도 '링컨'과 만날 수 있는 기회가 무궁무진하다.

현대사회에서 리더십은 핵심 키워드다. 그런 까닭에 링컨은 미국뿐 아니라 지구상 어디에서나 만날 수 있다. 링컨은 분명 미국의 대통령이었지만, 그의 리더십은 여전히 세계 최고다. 오늘날 미국은 링컨이라는 세계 최고의 리더십 상품을 팔고 있다.

샌디에이고 스카이라인 웨슬리언 교회의 맥스웰 목사는 수많은 리더십 강연, 방송, 연구를 통해 세계적인 영향력을 가지고 있다. 그는 이렇게 말했다.

리더십의 본질은 리더가 현직에 있을 때 이루어낸 것에 있지 않고 그가 사라진 후에도 지속적으로 잘 이루어지고 있는가에 달려 있다.

이 말은 에이브러햄 링컨 대통령에게 가장 적합한 말이다. 링컨이 암살당한 지 140년이 지난 지금에도 그의 영향력은 식을 줄 모르고 있다. 식기는커녕 오히려 새롭고 긍정적인 의미로 인류 사회 전체를 환하게 비추고 있다.

미국의 독립 후 가장 어려웠던 남북전쟁과 노예해방이라는 거대한 강을 성공적으로 건너간 총사령관 링컨은 국가와 국민의 운명을 책임지고 있는 지도자였지만 어느 것 하나 유리한 조건을 가지고 있지 않았다.

그럼에도 링컨은 오랫동안 가장 성공한 대통령으로 또 가장 위대한 리더로 평가받고 있다. 링컨을 연구한 논문은 수없이 많으며 전기나 연구서만 하더라도 약 1만 6000종이 넘는다고 한다. 이는 단순히 학문적 차원을 뛰어넘은 것이 아니다. 이제 링컨은 세계 최고의 리더십 상품이 되었고 미국은 이를 잘 포장하여 팔고 있는 것이다.

우리나라에서 링컨 연구로 유명한 김동길 교수는 링컨에 대한 미국인들의 열광은 종교와 다름없다고 평가한다.

> 이른바 링컨 연구의 권위자라는 사람들은 제사장의 직분을 맡아 '팬'이라는 이름의 수많은 신도를 거느리고 있으며, 그들은 매일 링컨을 생각하고 이야기하며 생활하는 것 같다.

링컨이 이러한 평가를 받는 이유는 뭘까? 바로 미국을 건국한 국부들이 구상한 연방을 수호하고, 나아가 노예해방을 통해 인류의 보편적 가치인 자유와 평등을 구현하는 데 큰 기여를 했기 때문이다.

여기에는 대통령으로서의 링컨이 이룩한 업적 이상의 무엇이 있다. 분명 링컨은 죽고 없지만 그의 영향력은 시공을 초월해 현존하고 있기 때문이다.

수많은 리더들과 리더십 전문가들은 리더십을 한마디로 '영향력'

이라고 정의한다. 이는 강제, 억압, 폭력, 돈, 사기, 매수 등으로 행사하는 영향력이 아니다. 그것은 목표를 향해 끊임없이 나아가게 하는 힘이다. 여기에는 반드시 충족되어야 할 두 가지 요소가 있다. 첫째는 리더와 팔로워의 공동의 목표다. 둘째는 결과에 대한 공유다. 아무리 뛰어난 리더라 할지라도 따라오는 사람이 없으면 리더가 아니다. 그리고 리더와 팔로워가 있더라도 추구해야 할 목표가 분명치 않다면 리더십은 작동하지 않는다.

이런 점에서 링컨은 위대한 리더다. 그의 영향력은 권력과 부, 학연, 지연, 혈연 그리고 카리스마 등에서 나온 것이 아니다. 링컨은 사람들의 장점, 재능, 열정을 이끌어내 긍정적이고 발전적인 방향으로 변화시킨 위대한 리더의 전형이었다.

그동안 링컨에 관한 많은 연구는 주로 남북전쟁을 승리로 이끌어 연방정부를 수호하고 노예를 해방시킨 그의 업적을 칭송하는 신화적인 성공에 초점이 맞춰져 있었다. 따라서 '신'이 된 링컨과 인간 링컨 사이에는 간극이 적지 않다. 그래서 인간으로서의 능력과 시공을 초월하여 수많은 사람들에게 영향을 준 링컨의 리더십에 관한 구체적인 연구는 생각보다 많지 않다.

또한 정작 링컨의 리더십에 관한 연구는 링컨 연구가들보다 경영학, 정치학 등 리더십을 필요로 하는 분야에서 자주 언급되고 있지만 어디까지나 이런 것들은 단편적인 것이 대부분이다.

그러나 이 책은 다르다. 링컨의 위대한 업적이나 신화에 열광하는 차원에서 접근하지 않았다. 미국이 역사상 가장 큰 위기에 부딪혔을 때 링컨은 어떻게 극복했으며 어떻게 리더십을 발휘했는지에 초점을 맞추었다.

오늘날까지도 끊임없이 영향력을 행사하고 있는 링컨의 리더십의 실체가 구체적으로 무엇인지 살펴보는 것은 매우 의미 있는 일이다.

한때 우리는 권력, 권위, 돈, 카리스마, 경쟁력, 화려한 외적 성공 등을 위대한 리더와 연관시킨 적이 있다. 아직도 우리 사회는 비교우위를 통한 외형적 성공에 초점이 맞추어져 있다. 사실 많은 사람들은 이런 것을 통해 다른 사람에게 영향력을 행사하는 것을 리더십이라고 생각하고 추종해왔다.

이런 기준에서 보면 링컨은 위대한 리더가 될 수 없었다. 링컨은 거의 모든 면에서 비주류에 속해 있었기 때문이다. 링컨에겐 내세울 학력도 없었다. 그는 가난한 집안에서 태어났다. 당시로서는 잘 알려지지도 않은 지역에서 태어났다. 스스로도 인정했지만 링컨은 사람들이 보기에 잘생긴 외모가 아니었다. 그는 당시 특별한 권력의 메커니즘 속에서 배제된 인물이었다. 말하자면 어느 것 하나 내세울 것이 없는 그저 평범한 사람이었다.

그러나 미국인은 물론 세계 사람들이 아직도 링컨을 따르고 있으며 그의 영향력은 사라지지 않고 오히려 환한 빛으로 우리를 비추고 있다.

왜 이토록 많은 사람들이 링컨을 따르고 있는가? 왜 이토록 많은 사람들이 링컨에 열광하는가? 링컨이 미국을 넘어 인류역사에 남기고 간

리더십 유산은 구체적으로 무엇인가?

　오늘날은 가히 리더십의 홍수시대라고 해도 과언이 아니다. 리더십에 관한 수많은 책은 물론 각종 리더십 센터와 다양한 리더십 교육이 이를 반증해주고 있다.
　사람들은 역사적으로 성공한 인물이든 현재 성공한 리더든 상관없이 그들의 성공요인을 찾고자 애쓴다. 성공적인 리더가 되는 방법이 궁금한 것이다. 성공한 리더들은 자신만의 특별한 철학이나 방법을 가지고 있을 것이라 생각하는 것이다.
　하지만 성공한 리더들의 리더십에는 우리가 생각하는 특별한 철학이나 방법은 없다. 굳이 찾으려 들면 그것은 너무나 평범한 것이며 우리들도 이미 다 알고 있는 것들이다. 다만 한 가지 성공한 리더들의 리더십에는 너무나 기본적인 '태도의 선택'이 있다.
　성공적인 리더십 여행을 하고 싶은가? 그렇다면 먼저 '리더의 길'을 선택하라. '리더가 될 수 없는 길'도 분명 존재한다. 어느 길을 선택할 것인가는 전적으로 자신에게 달려 있다.
　리더의 길을 갈 것인가? 리더가 될 수 없는 길을 갈 것인가?
　이는 단순한 외적인 행동에 의해 결정되는 것이 아니다. 이에 대한 결정은 보다 근본적인 '내면의 태도'에 달려 있다. 어떤 태도를 선택하느냐에 따라 리더가 되느냐 못 되느냐가 결정된다.
　성공한 리더들은 어떤 태도를 선택했는가?

세계 최고의 리더 링컨은 어떤 태도를 선택했는가?

그것은 외적인 행동에 앞서 내면에서 리더의 태도를 선택했다.

링컨이 선택한 내면의 태도는 'leader'의 철자에서 그 의미를 찾아볼 수 있다.

    learning, 배우는 태도다.
    education, 목표와 비전을 교육하는 태도다.
    assistance, 협력하는 태도다.
    direction, 안내하는 태도다.
    empowerment, 권한을 위임하는 태도다.
    renovation, 혁신하는 태도다.

이것이 링컨을 불멸의 리더, 세계 최고의 리더로 만든 것이 아닌가 생각한다.

Contents

들어가는 말 _ 미국의 정신, 링컨   4

Chapter 1 링컨, 현실의 벽을 두드리다
학력이 아니라 배움을 구하다   16
배경이 아니라 사람을 구하다   20
가장 중요하면서, 가장 급한 일   24
못생긴 외모를 극적인 첫인상으로   27
인격으로 주류의 벽을 허물다   32

Chapter 2 링컨, 마음의 벽을 두드리다
상승가도의 장군들, 칭찬의 효과   36
명령보다 강한 설득의 힘   43
새 시대를 연 관용과 화해의 철학   49
유머라는 긍정의 에너지   54

Chapter 3 신앙처럼 간직한 배움의 자세
고비마다 해답이 되어준 독서   64
프로페셔널은 준비하는 자세   72
호기심이 없는 자는 죽은 자다   77
자기만의 실패학을 가져라   81

Chapter 4 삶의 의지가 되어준 비전

꿈에 걸맞는 오늘을 살아라	88
원칙은 타협하지 마라	98
자유는 인간의 진리다	102
목적의식이 위기돌파의 힘	108

Chapter 5 회의와 부정의 벽을 허물고

마음을 여는 것이 변화의 시작	116
사람을 구할 땐, 현장에서	122
일보다 사람이 먼저	127
커뮤니케이션, 화합의 특급열차	136

Chapter 6 내가 가는 길

평생의 기본으로 삼은 정직	142
주체적인 삶을 위한 자기경영	147
실천과 행동으로 말하다	153
마지막 책임은 늘 리더의 것	156

Chapter 7 잡초를 뽑고 꽃을 심는 사람

권력이 아니라 권한이다	162
신뢰는 용기를 낳는다	165
팀이 곧 승리의 방정식이다	169
권한 위임의 승부사, 링컨	173

Chapter 8 승리를 이끄는 원칙의 힘

CHANGE & CHANCE	184
큰일을 이루는 조그만 용기	188
세상을 개선하려는 열망	191
원칙이 있기에 유연하다	194

참고문헌　　　　　　　　　　　　　　　198

Chapter 1

링컨, 현실의 벽을 두드리다

학력이 아니라 배움을 구하다

"만나는 사람마다 배움의 기회로 삼아라."

링컨 앞에는 하버드나 예일, 프린스턴, 스탠퍼드 출신과 같은 수식어가 붙지 않는다. 링컨의 표현대로 그는 정규교육을 '아주 조금' 받았기 때문이다.

그가 초등학교를 다닌 시간을 다 합쳐도 채 1년이 되지 않는다. 말할 것도 없이 중학교, 고등학교, 대학교도 다니지 않았다. 말하자면 링컨은 우리 사회에서 강력한 힘으로 작용하는 학연의 끈이 없었다.

언뜻 보면 정규교육을 받지 않았기에 대통령이 되기에는 지적인 면에서 떨어질 것만 같고, 학연이 없기에 사회생활이나 정치생활에서 어려움이 많았을 것 같다.

그러나 학연의 끈이 없다는 사실이 링컨에게는 약점이 되지 않았다. 정규교육을 못 받았기 때문에 링컨은 다른 사람들보다 훨씬 열심히 공부했다.

'학연'은 어느 정도 개인의 활동력을 넓혀주고 보장해줄 수는 있겠지만 '같은 학교 출신'이라는 좁은 울타리에 가두기도 한다.

링컨은 동창과 동문이라는 한정적인 인간관계를 초월하여 보다 넓게 많은 사람들과 만날 수 있었다. 링컨은 사람을 만날 때 어느 학교 출신이고 무엇을 공부했나에는 아무런 관심이 없었다. 링컨은 모든 사람을 동등한 입장에서 만났다.

동창과 동문의 테두리에서 자유로웠던 링컨은 대통령이 되어 사람을 뽑을 때 능력과 자질만을 보고 선택할 수 있었다.

어린 시절 링컨은 학교를 다닐 형편이 못 되었다. 링컨의 아버지 토머스는 농사를 지었는데 모든 아이들의 일손이 필요했다. 또 그 당시 학교에서 공부를 하려면 많은 돈이 필요했는데 링컨의 집안은 정규교육을 받을 만큼 돈이 많지 않았다.

한때 우리 사회에는 선거철이 되면 학력 부풀리기가 만연했다. 어느 대학의 단기과정을 마치고 나서 '어느 대학 동문'이라고 자신을 소개한다. 이들은 선거 벽보에도 버젓이 어느 대학 출신이라고 올리기도 했다. 학연이 우리 사회에서 너무나 큰 비중을 차지하고 있기 때문일 것이다.

링컨은 자신이 학교를 다니지 않은 것을 숨기거나 학벌을 조금도 부풀리지 않았다.

링컨은 대통령 선거유세에서 이렇게 연설했다.

당시 그곳에는 교육에 대한 열정을 자극하는 것은 아무것도 없었습니다. 그저 읽기, 쓰기, 셈하기 정도가 고작이었고 나는 이 정도는 할 수 있었고 그것이 전부였습니다. 나는 그 이후로 단 한 번도 학교를 다니지 않았습니다.

링컨이 9세가 되던 해에 어머니 낸시 행크스가 파상열(브루셀라병)에 걸려 사망하였다. 어머니의 죽음으로 링컨은 학교를 다니기가 더욱 어려워졌다. 그러나 새어머니 사라 부시 존스턴은 '영혼이 맑은 사람' 이었다. 사라는 아이들에게 많은 관심과 사랑이 필요하다는 것을 알았다. 사라는 링컨 형제들에게 자신의 아이들보다 더 많은 관심과 사랑을 주었다. 새어머니는 간신히 읽고 쓸 수 있을 정도였지만 링컨의 공부를 도왔고, 링컨의 독학에 큰 힘이 되었다.

비록 정규교육은 짧았지만 링컨은 책을 좋아했고 책 속에 푹 빠져 독서를 즐겼다. 당시 링컨의 집에 있었던 유일한 책은 성경이었다. 그러나 링컨은 많은 책을 가지고 있는 이웃을 만났고 수십 마일을 걸어가 책을 빌려다가 읽었다. 그가 가장 즐겨 읽었던 책은 《로빈슨 크루소》, 《이솝우화》, 《천로역정》, 《신드바드의 모험》, 《조지 워싱턴의 생애》 등이었다. 시간이 흐르면서 그는 셰익스피어의 작품에 빠지기도 했다.

후에 링컨의 주옥 같은 연설 내용들은 이솝 우화나 셰익스피어의 목소리를 인용한 것이 많다. 그런 중에 그는 〈독립선언서〉와 〈미국헌법〉도 접할 수 있었고 그 문장들을 거의 외우다시피 했다.

청년 링컨은 목사들과 정치가들의 연설과 태도를 흉내 내기를 좋아했다. 처음에는 다소 어색했지만 키가 유난히도 크고 다른 사람들보다 두 옥타브 정도 높은 목소리를 가진 그는 친구들과 이웃들을 상당히 즐겁게 해주었다.

링컨은 누구보다도 하느님을 믿고 따랐다. 링컨은 14세 때 부모를 따라 동네의 한 침례교회에 갔었다. 하지만 그는 죽을 때까지 어느 특정 종파에 자신을 가두지 않았다. 이는 동창과 동문이라는 벽에 자신을 가두지 않은 것과 마찬가지로 믿음 역시 어느 특정 종파에 갇히기를 싫어했던 탓이다.

만약 링컨이 학연에 연연했다면 그는 위기에 빠진 미국을 구원하지 못했을 것이다. 링컨은 누가 어떤 능력과 자질을 갖췄느냐에 초점을 두었을 뿐 이외의 것엔 관심이 없었다. 어쩌면 링컨의 이러한 개방적인 태도가 미국을 지켰을 것이다.

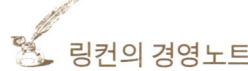 링컨의 경영노트

배움에서 앞서려면 자기 것을 고집해서는 안 된다.
링컨은 배움에 있어서만큼은 늘 겸손한 태도를 가졌다. 내세울 만한 학력과 학연이 없었지만 전혀 열등감을 갖지 않았고, 오히려 성실하고 진실하게 배우려고 노력했다. 그의 이런 자세는 가장 앞선 지식을 남보다 빨리 받아들이는 강점이 되었다.

●○○
배경이 아니라 사람을 구하다

"영웅과 위인은 모두 가난 속에 태어났다.
성실·근면하며, 자신의 일에 최선을 다한다는 정신만 있으면,
가난한 집 아이들은 반드시 큰 꿈을 이룰 수 있다."

링컨에게는 내세울 만한 지연도 없었다. 그는 1809년 2월 12일에 서부의 변두리인 켄터키 주 하딘 카운티 후젠빌의 한 농가에서 태어났다.

링컨의 가족은 그가 두 살이 되기 전에 켄터키의 다른 농장으로 이사했고, 1816년에는 다시 오하이오 강을 건너 주로 막 승격한 인디애나로 이사했다. 켄터키나 인디애나는 모두 정치와 경제의 중심 지역인 버지니아, 매사추세츠, 뉴욕과는 비교도 할 수 없는 형편없는 촌구석이었다.

일반적으로 출신 지역이 주류에서 벗어나 있으면 성공을 하는 데 어려울 것이라고 생각할 수 있다. 그러나 링컨이 주류가 아닌 비주류 지역이라는 사실은 그가 학연이 없는 것과 마찬가지로 그에게는 긍정적

으로 작용했다.

뛰어난 인물들을 배출한 지역 출신이 아니라는 점이 자신의 미래를 개척하게 만들었다. 학연이 없어 학연을 초월한 정치를 했듯이 링컨은 비주류 출신으로 주류 지역사람들을 포용하는 정치를 했다.

한마디로 링컨은 학연으로나 지연으로 자신을 작은 틀 속에 가두지 않았다. 링컨의 틀은 어느 학교, 어느 지역이 아니라 미국, 나아가 인류를 대상으로 하는 보편적 가치인 자유와 평등이라는 틀이었다.

한때 우리 사회에도 이른바 출세를 하기 위해서는 그가 어느 지역 출신인가가 매우 중요했던 적이 있다. 특히 이 문제는 선거 때면 출마자는 물론 유권자들도 가장 민감하게 생각했던 부분이다. 누가 어디 지역 출신인가가 출마자의 능력과 자질에 상관없이 유권자 선택에 큰 요인으로 작용하였다.

우리 사회는 아직도 지역주의라는 굴레를 벗어나지 못하고 있다. 이런 현상은 대통령 선거에서 특히 두드러졌다.

하물며 지역의 일꾼을 뽑는 데도 특정 지역을 대표하는 정당 후보에 쏠림현상이 적지 않은 게 사실이다. 그래서 어느 지역에서는 '우리가 남이가' 라고 호기를 부리며 지역 후보에게 100퍼센트에 육박하는 몰표를 준 적도 있다.

아직도 우리 사회에서 이러한 무조건적인 지역주의가 말끔히 사라졌다고는 할 수 없다.

지금도 어느 후보들은 특정 지역을 방문하면 자신이 그 지역과 어떤 연관이 있으며 당선이 되면 무엇을 해주겠다고 공약하는 것을 자주 본다. 이는 당선을 간절히 바라는 출마자가 지역감정을 조장하는 것이다. 리더로서의 능력과 자질로 평가받겠다는 생각은 멀리한 채.

하지만 링컨에겐 이런 식의 지역감정을 이용하고자 하는 마음이 없었다. 아니 켄터키 혹은 인디애나에 살았던 링컨은 역사와 전통을 가진 버지니아, 매사추세츠, 뉴욕 출신들처럼 지연을 활용할 수도 없었다.

공화당 내 대통령 후보 경선을 할 때 뉴욕 출신의 윌리엄 시워드에 비하면 링컨은 보잘것없는 후보였다. 링컨은 공화당 창당 멤버 중 한 사람이었지만 정·재계에서 영향력이 뛰어난 북동부 출신의 친구들은 단 한 사람도 없었다.

링컨 이전의 역대 대통령들은 버지니아 출신이 7명, 뉴욕과 매사추세츠 출신이 각각 2명, 사우스캐롤라이나, 노스캐롤라이나, 뉴햄프셔, 펜실베이니아 출신이 각각 1명씩이었다. 대통령뿐만 아니라 공직에 있는 많은 사람들은 지역적으로 좋은 배경을 가지고 있었다.

링컨이 대통령에 출마하자 많은 사람들이 '시골 촌놈', '교양이 없는 사람'이라고 수군거렸다. 심지어 대통령이 된 이후에도 워싱턴 정가에서는 그의 능력과 자질보다는 링컨이 시골 출신이라는 이유만으로 형편없는 대통령이라고 매도하기 일쑤였다.

링컨은 자신이 시골 출신이라는 사실을 조금도 부끄러워하지 않았지만 아내 토드는 그렇지 않았던 것 같다. 퍼스트레이디가 된 토드는 시골 출신이라는 사실을 애써 감추려고 노력했다. 토드는 뉴욕 최고의 옷가게에서 값비싼 옷을 사입고 워싱턴의 세련된 여성들을 만나고 싶어했다. 그러나 사람들은 토드 뒤에서 여전히 촌뜨기라고 수군거렸다.

당시 링컨이 대통령 후보가 되는 데 인디애나 유권자들의 도움은 매우 컸다. 하지만 그가 대통령이 된 이후에는 단 한 번도 지역감정을 조장하는 발언을 하지 않았다.

인재선발의 기준은 지역주의가 아닌 능력과 자질이었다. 어느 한 특정 지역이 아니라 국가와 국민을 위한 능력과 자질이 기준이 되었다. 지역주의를 초월하고자 한 링컨의 노력이, 분리될 위험에 처했던 미국을 다시 하나로 통일시킨 것이 아닌가 한다. 만약 그가 지역감정에 충실한 사람이었다면 적어도 오늘날 미국의 역사는 지금과는 확실히 달라졌을 것이다.

 링컨의 경영노트

인의 장막을 만들지 마라.

링컨은 결코 인의 장막을 만들지 않았다. 활용할 지연과 학연이 없었던 이유도 있지만, 타고난 성품이 출신에 따라 사람을 가려 쓰는 것을 싫어했다. 때문에 그는 순수하게 능력에 따라 인재를 평가했고, 경쟁자보다 활용할 수 있는 인적 자원이 많았다.

가장 중요하면서, 가장 급한 일

"기다리고만 있는 사람에게도 기회는 주어질 수 있지만 이는 직접 나서서 일을 해치우는 사람들이 남긴 찌꺼기일 뿐이다."

링컨은 또 다른 미국의 위대한 대통령 프랭클린 루스벨트나 워싱턴처럼 부유한 집안에서 태어나지 않았다. 링컨은 자신을 소개하는 글에서 집안에 대해 "우리 집안은 대단치 않았습니다. 아마도 2류 가정이라면 맞을 겁니다."라고 했다.

링컨의 어머니 행크스와 아버지 토머스는 버지니아의 가난한 집안 출신이었다. 둘 다 교육을 제대로 받지 못하였고 서명 대신 겨우 간단한 표시를 할 수 있는 정도였다.

토머스는 변변한 직장도 없이 여기저기 돌아다니며 도로공사, 벌목, 곰 사냥, 옥수수 농사, 죄수 감시, 노예감독 등 닥치는 대로 일을 했다. 그 후 아버지는 목수일을 했지만 목재를 반듯하게 자르지 못하여 손해를 본 후 이 일을 접었고 이내 산으로 들어가 황무지를 개간하고 살았다. 그러다가 1808년 링컨의 부모는 조그만 농장을 하나 구입한 후 그곳에 오두막을 짓고 농사를 지으며 살았다.

그 오두막은 사실 집이라 할 수도 없었다. 마루도, 문도, 창도 없고, 버팀목으로 슬쩍 지붕만 얹은 그런 곳이어서 겨우 바람과 눈을 피할 수 있을 정도였다. 이런 곳에서 링컨은 어린 시절을 보냈다.

인디애나의 황량한 숲속 생활은 가난만이 문제가 아니었다. 이곳에서는 문명의 혜택을 거의 받을 수 없었다. 몸이 아파도 병원엘 갈 수 없었다. 아버지는 치통을 앓고 있는 어머니의 치아에 나무못을 대고 돌로 쳐서 고통을 덜어주었다. 어머니는 결국 중서부 지방을 돌던 괴질병인 파상열을 얻어 단 한 번의 행복도 느끼지 못한 채 35세 나이에 사망했다.

교육환경도 열악했다. 링컨은 라틴어를 아는 사람이 동네에 오면 그를 마술사처럼 우러러보았다고 했다.

링컨은 당시를 이렇게 회상했다.

교육에 대한 열의를 자극할 만한 것은 우리 고장엔 전혀 없었습니다… 현재 교육 밑천이 좀 늘어난 것이 있다면 필요해서 수시로 주워모은 것뿐입니다.

링컨은 22세가 될 때까지 아버지를 도와 농사를 짓고 살았다. 그 후 농사를 그만두고 스스로 인생을 개척하기 위해 집을 떠났다. 링컨의 절박한 몸부림이었다. 도시로 나온 링컨은 잡화점의 점원, 블랙호크 전쟁 때 의용군 대위, 측량기사, 지역 우체국장, 변호사 등을 했다.

성공하기 위한 링컨의 몸부림은 그를 정치에 뛰어들게 했다. 그러나 링컨은 두 번의 주의회 의원, 한 번의 연방 하원의원을 지냈지만 정치적으로 큰 영향력을 발휘하지는 못했다. 학연, 지연, 혈연이 전혀 없었던 링컨의 한계가 아니었을까? 하지만 링컨은 자신의 한계를 잘 알았고 이를 극복하는 방법 또한 알고 있었다. 그는 어떤 일을 하든지 '정직'을 최우선으로 삼았다. 또한 그는 사람들이 무엇을 좋아하는지 이해했고 그것을 해주었다.

이러한 인간에 대한 이해는 많은 사람들로부터 관심을 끌게 되었다. 링컨은 자연스럽게 사람들 앞에서 이야기하는 시간이 늘어났다. 군중을 움직이는 링컨의 연설은 그를 정치판에서 살아남게 만들었다. 이것이 결국 1858년 일리노이 상원의원 출마와 궁극적으로 1860년 공화당 대통령 후보가 되어 대통령이 되는 데 결정적인 재산이 되었다.

 링컨의 경영노트

진실한 마음은 암울한 환경에서도 할 일을 일러준다.

링컨은 유년기 동안 인디애나의 황량한 숲 속에서 문명의 혜택을 전혀 받지 못했다. 그가 환경의 지배를 받는 사람이었다면 오늘날의 미국은 없었을 것이다. 서로 이질적인 가치관과 경제 상황에 따라 미국은 남과 북으로 갈라졌기 때문이다.

못생긴 외모를 극적인 첫인상으로

"행복은 마음먹기에 달려 있다."

링컨은 잘생긴 외모 덕을 톡톡히 보고 대통령에 당선된 하딩, 케네디, 그리고 클린턴과 같은 매력적인 미남이 아니었다.

하딩은 미국 여성들이 최초로 선거권을 행사한 1920년에 공화당 후보로 나서 대통령이 되었다. 대통령으로서의 자질은 전무했지만 잘생긴 외모 덕에 무난히 대통령에 당선되었다.

케네디 역시 1960년 강력한 닉슨을 누르고 대통령에 당선되었는데 그의 잘생긴 외모도 한몫했다. 1960년 선거는 역사상 최초로 텔레비전 방송을 통해 유권자들에게 후보자의 얼굴이 알려졌다. 텔레비전에 등장한 밝고 잘생긴 케네디의 모습은 어두운 표정의 닉슨을 물리칠 수 있었다.

클린턴의 경우는 어떠한가. 여성 편력을 비롯하여 수차례의 스캔들에도 불구하고 클린턴은 자신의 정치생활에서 잘생긴 외모 덕을 본 대표적인 대통령이라 할 수 있다. 링컨에게는 시어도어 루스벨트처럼 외모에서 풍기는 강력한 카리스마도 없었다.

링컨은 자신을 소개하는 글에서 다음과 같이 썼다.

> 나는 6피트 4인치(193.4센티미터)의 큰 키에 몸은 여위고 체중은 약 180파운드(81킬로그램)며 피부는 검은 편이고 거친 검은 머리에 눈동자는 회색입니다. 그것뿐입니다. 솔직히 별 볼일 없지요.

그는 남성의 평균 신장이 170센티미터가 채 되지 않는 시절에 190센티미터가 넘었다. 게다가 얼핏 보기에 링컨은 마치 기린과 같았다. 주름이 가득하고, 좌우 눈높이의 위치가 달랐으며, 검은색의 거친 머리를 한 그의 얼굴은 결코 잘생긴 편이 아니었다.

자신의 외모가 특별히 매력적이지 않다는 것을 알고 있었지만 링컨은 이에 조금도 개의치 않았다. 오히려 링컨은 외모를 유머의 소재로 삼아 사람들을 즐겁게 했다.

1858년 일리노이 주 상원의원 자리를 두고 벌어진 이른바 '링컨-더글라스 논쟁'에서 더글라스는 분명한 증거도 없이 링컨을 '두 얼굴을 가진 이중인격자'라고 비난했다.

비난을 받고 잠시 머뭇거리던 링컨은 차분한 목소리로 다음과 같이 말했다.

여러분, 더글라스 후보가 저를 두 얼굴을 가진 이중인격자라고 말했지만, 생각해보십시오. 만약에 제가 또 하나의 다른 얼굴이 있다면 오늘같이 중요한 날 하필이면 왜 이 못생긴 얼굴을 가지고 나왔겠습니까.

링컨의 이 재치 넘치는 말에 모든 사람들은 박장대소했고 링컨의 인기가 올라간 것은 말할 것도 없다.

1856년 어느 날 링컨은 신문 편집자들의 모임에 초청 연사로 초대되었다. 여기에서 링컨은 유능한 편집자들 사이에 좆상인 같은 사람이 끼어 죄송하다며 다음과 같이 말했다.

제가 '그 어떤 여성에게도 잘생겼다는 소리를 듣지 못하는 한 남자'에 대한 이야기를 해드리겠습니다. 어느 날 그 남자는 말을 타고 숲속을 지나다가 한 여성을 만났습니다. 그는 그 여성이 먼저 지나갈 수 있도록 한쪽으로 비켜섰는데 그 여성은 그냥 지나가지 않고 잠시 멈추더니 그를 똑바로 쳐다보며 다음과 같이 말했습니다.

'와, 지금까지 당신처럼 못생긴 사람은 처음 봅니다.' 이에 남자는 '그렇군요, 부인. 하지만 어쩌겠습니까?'라고 말했습니다. 그러자 그 여성은 '그래요. 하지만 당신은 집에 틀어박혀 있어야 한다고 생각지 않나요?'라고 말했습니다.

이 이야기에서처럼 지금 이 순간 이 모임에 있어선 안 될 것 같은 생각이 듭니다. 집에 가만히 있는 것이 모두에게 좋은 일일 텐데 말입니다.

링컨의 이 말에 청중들은 웃지 않을 수 없었다.

못생긴 얼굴을 소재로 썰렁한 분위기를 반전시킨 사례는 수없이 많다. 한번은 오랜만에 친구를 만난 링컨이 자신의 얼굴을 가지고 다음과 같은 이야기를 했다.

평상시 저는 잘생기지 못한 저의 얼굴 때문에 고민이 많았습니다. 그런데 어느 날 이런 생각을 했습니다. '에이, 이왕 미남이 아닌 것, 이 세상에서 가장 못생긴 얼굴이 되자.' 이렇게 생각하니 오히려 당당해졌습니다.

어느 날 한 친구를 오랜만에 길에서 만났습니다. 그런데 이 친구, 저보다 더 못생겼지 뭡니까? 저는 이 세상에서 두 번째로 못생긴 얼굴이 된다는 사실을 참을 수가 없어 권총을 꺼내 그 친구를 쏘려 했습니다. 이에 그 친구가 겁에 질려 '야, 링컨, 오랜만에 만나서 왜 이래?'라고 했습니다.

그래서 저는 '야, 몰라서 물어? 난 네가 나보다 더 못생겼다는 사실을 도저히 참을 수가 없단 말이야. 내가 세상에서 가장 못생긴 얼굴을 가진 사람이 되기 위해서는 미안하지만 넌 사라져 줘야겠어.'라고 말했습니다.

그랬더니 겁에 질려 떨고 있던 이 친구가 체념한 얼굴로 뭐라고 그랬는지 아십니까? '그래, 어서 쏴, 너보다 못생긴 얼굴로 사느니 차라리 죽는 것이 낫겠다.'

서먹했던 분위기는 링컨의 재치 넘치는 말에 화기애애해졌다. 대통령이 되어서 어느 날 링컨은 사람들에게 이렇게 말했다.

내가 대통령이 되리라고는 아무도 예측하지 못했을 것입니다. 초라하고 신경질적으로 보이는 내 얼굴을 보면 더더욱 그랬을 겁니다. 나같이 무명의, 아니 유명해져야 할 이유가 하나도 없는 이 평범한 사람에게 건국의 아버지들도 맡지 않았던 무거운 짐을 주셨습니다.

하지만 초라하고 신경질적으로 보이는 링컨은 미국 역사상 가장 어려운 시기를 극복하기 위해 혼신을 다했다.

 링컨의 경영노트

첫인상이 나쁜 건 어쩔 수 없다. 이를 역전시킬 재치가 없는 게 문제다.
헌헌장부의 풍모가 아니었던 링컨은 그다지 좋은 첫인상을 주지 못했다. 그러나 그는 외모에서 오는 열세를 한결같은 성품과 재치로 극복했다. 그의 재치 있는 입담은 출신과 배경이 탄탄한 경쟁자들을 물리치고 사람들의 환심을 더 많이 사게 했다.

● ○ ○
인격으로 주류의 벽을 허물다

"나는 어려울 때마다 무릎 꿇고 기도한다.
그러면 신기하게도 내가 알지 못했던 지혜가 떠오른다."

학연에 의한 영향력도, 지연에 의한 영향력도, 혈연에 의한 영향력도, 그리고 잘생긴 외모로 얻을 수 있는 영향력도 그 어느 것 하나 없었던 링컨은 권력의 메커니즘에서도 비주류에 속해 있었다.

링컨이 권력구조에서 비주류인 것은 당연하다. 당시 미국이 아무리 개인의 능력과 자질이 기준이 되는 사회라고 하지만 아직까지 여러 면에서는 능력보다 그 외의 것들이 큰 비중을 차지하고 있었기 때문이다.

워싱턴 이래로 대통령이 된 사람들만 보더라도 거의 모두가 화려한 경력의 소유자였다. '통나무집에서 백악관까지'라는 신화를 창조해 누구나 노력하면 성공할 수 있음을 증명한 앤드류 잭슨 대통령을 빼면 모든 대통령들이 의원, 장관, 부통령, 대사, 주지사 등의 화려한 경력을 가지고 있었다. 혹 정치적인 경력은 없더라도 그들은 정치 이외의 분야에서 장군, 총장 등 사회적으로 내세울 수 있는 번듯한 경력을 가지고 있었다. 잭슨 대통령 역시 장군이라는 화려한 군 경력과 의원, 주지사, 판사 등을 두루 거친 인물이었다.

물론 링컨 역시 몇 번의 주의회 의원과 한 번의 연방 하원의원이 되었지만 다른 대통령들에 비하면 초라하기 짝이 없었다. 정치 이외의 링컨의 경력을 보면 점원, 3개월간의 군 경력, 사업가, 측량기사, 우체국장 등을 지냈으며 변호사로 활동했다.

링컨은 그리 화려하지 않은 경력 속에서도 수많은 실패를 경험했다. 사업에 실패했으며 처음 나선 선거에서도 실패했다. 사랑하는 여인을 잃어 한동안 정신분열증에 시달렸고 몇 차례 하원의원에 출마했지만 단 한 번을 빼고 모두 낙선했다. 또 상원의원에도 출마했지만 낙선했다.

이런 상황에서 링컨은 권력 메커니즘에서 주류가 될 수가 없었다. 그는 당시 미국에서 큰 영향력이 있었던 민주당원도 아니었다. 링컨은 정치적으로 휘그당에 속해 있었고 휘그당 내에서도 연이은 선거 실패로 주류가 되지 못하였다.

링컨은 1850년대를 지나면서 휘그당, 토리당, 아메리카당 등의 합당 과정을 통해 새로 탄생한 공화당에서 주목을 받게 되었다. 하지만 미국 전체로 보면 미미할 뿐이었다.

이런 링컨에게도 기회가 왔다. 그것은 '링컨-더글라스 논쟁' 이었다. 논쟁을 통해 링컨의 위상은 한층 높아졌다. 1858년 선거에서 더글라스에게 패했지만 링컨이라는 이름이 전국적으로 알려지게 되었다.

그럼에도 공화당 내에 변변한 친구 하나 없었던 링컨은 1860년 선거 때까지도 별 볼일 없는 후보였다. 학연도, 혈연도, 지연도 없었던 링컨은 그야말로 다크호스였다. 시카고에서 열린 공화당 전당대회에서 단연 돋보인 사람은 화려한 경력의 윌리엄 시워드였다. 하지만 시워드는 후보로 확정될 만큼의 표를 확보하지 못했고 결국 두 차례의 추가 경선으로 링컨이 후보로 확정되었다. 당시 공화당을 장악하고 있었던 세력은 '공화당 급진파'들이었는데 이들이 자신들과 정책 노선이 다른 시워드에게 등을 돌리고 대항마로 링컨을 선택하였던 것이다.

링컨의 대통령 당선은 민주당의 분당도 크게 작용했다. 당시 민주당은 2년 전 일리노이 상원선거에서 링컨과 경쟁했던 더글라스를 비롯하여 쟁쟁한 후보들이 사분오열하였다. 이 선거에서 링컨은 겨우 39.8퍼센트로 당선되었다. 이는 남부 사람들이 링컨을 지지하지 않은 이유도 있었지만 링컨이 특별한 권력의 메커니즘에서 주류가 아니었기 때문이다.

Chapter 2

링컨, 마음의 벽을 두드리다

상승가도의 장군들, 칭찬의 효과

"누구에게도 악의를 품지 말고 모든 사람에게 자비를 베풀라."

캔 블랜차드는 《칭찬은 고래도 춤추게 한다》에서 이른바 '고래 반응'의 효과를 사실적으로 서술했다. 블랜차드는 무려 3톤의 무게를 가진 거대한 범고래가 조련사의 칭찬과 격려로 훨씬 신바람나게 최선을 다한다는 것을 밝혀냈다.

칭찬은 특히 리더가 팔로워에게 할 경우 과학적으로 설명할 수 없는 에너지가 발생하고 생산성이 높아진다고 한다. 그러나 우리 사회의 여러 조직에서는 아직도 '뒤통수치기 반응'에 집착하고 있다. 아직도 많은 조직들이 칭찬보다 비난을, 믿음보다는 의심과 경계를, 설득보다 강요를, 관용보다는 엄격함을 그리고 부드러운 유연성보다는 딱딱한 경직성이 더 효과적일 거라고 생각한다.

한마디로 이 생각은 틀렸다. 모든 사람들이 '뒤통수치기 반응' 보다는 '고래 반응'을 더 좋아한다. 이것은 너무나 당연한 인간의 본성이다.

링컨은 모든 사람들이 비난보다 칭찬을 더 좋아한다는 것을 알고 있었다. 링컨은, 사람은 본성적으로 비난과 질책보다 칭찬을, 명령이나 강요보다 설득을, 복수나 적의보다 관용과 용서를, 냉랭하고 굳은 분위기보다 부드럽고 유연한 유머를 더 좋아한다는 것을 알고 그것을 실생활에 적용하였다.

〈뉴욕 해럴드〉는 1864년에 링컨의 본성에 대해서 이렇게 논평했다.

> 누구나 알고 있는 아주 평범한 상식, 친절한 마음, 목표에 대한 열정 그리고 가난한 사람과 사회적 약자를 배려하는 따뜻한 감각을 가진 링컨의 본성이 수렁에 빠질 수 있는 어려움을 극복하게 해주었다.

다른 사람을 움직이는 진정한 리더십에 강압적인 힘은 포함되지 않는다. 만약 강압적으로 따르도록 한다면 그는 이미 리더도 아니며 리더십을 포기하는 것이다.

링컨은 대통령이 되기 전부터 강압적인 명령이 아니라 칭찬과 설득의 유용성을 알고 있었다. 1842년 스프링필드 워싱턴 금주회에서 링컨은 다음과 같은 연설을 했다.

> 사람의 행동은 어떻게든 영향을 미치게 되어 있습니다. 그러므로 설득, 친절, 칭찬 그리고 상대방을 배려하는 겸손한 설득이 필요합니다. '한

방울의 꿀은 한 통의 쓸개즙보다 더 많은 파리를 잡는다'는 말은 진리 중의 진리라고 생각합니다. 사람의 경우도 마찬가지입니다. 만약 다른 사람들을 당신의 대의에 따르게 하려면 먼저 당신이 그의 진정한 친구라는 것을 확신시켜야 합니다. 다른 사람의 마음을 사로잡는 한 방울의 꿀은 그의 마음을 자극하는 수단입니다. 일단 다른 사람의 마음만 얻게 된다면 당신의 대의가 정당하다고 그를 확신시키는 데 아무 문제가 없습니다. 반대로 다른 사람에게 명령하고 지배하고 나아가 강요를 해보십시오. 그러면 그는 자신의 진실한 생각과 의견을 감출 것이고 마음을 닫아버릴 것입니다.

링컨은 사람들이 긍정적인 말이나 칭찬을 좋아한다는 것을 알고 있었다.

스프링필드에서 변호사 업무를 할 때나 대통령이 되어서나 링컨은 칭찬의 유용성을 알고 실천했다. 한 청년이 링컨의 사진에 사인을 해달라고 부탁하면서 이런 부탁에 짜증이 나지 않느냐고 물었다. 링컨은 이렇게 대답했다.

그래요. 당신도 아시겠지만 사람들은 아부를 받을 때 기분이 좋아지는 게 사실이며 그 사람과 잘 지내게 됩니다.

단기전으로 끝나기를 기대했던 전쟁은 장기전이 되었고 연방군은 확실한 승리를 장담할 수 없었다. 링컨은 장군들에게 전쟁에 적극적으로 나서 주기를 간절히 원했지만 그랜트가 등장하기 전까지 대부분의 장군들은 하나같이 링컨의 요구에 부응하지 못했다.

1863년 7월, 미시시피 강변의 멤피스와 뉴올리언스 중간 지점에 있는 미시시피 주 빅스버그에서 남북전쟁의 전환점이 되는 전투가 치러졌다. 이 전투에서 연방군은 남부동맹을 둘로 갈라놓는 승리를 하였다.

링컨은 전투의 책임자인 그랜트가 적극적으로 공략하여 승리하기를 간절히 원했지만 사실 큰 기대를 하지는 않았다. 하지만 승리로 이끈 그랜트 장군에게 링컨은 승리에 대한 칭찬과 함께 자신의 의심을 털어놓는 솔직한 사과 편지를 보냈다.

장군과 내가 이전에 개인적으로 만난 적이 있는지 잘 기억이 나지 않습니다. 나는 지금 이 나라를 위한 장군의 헤아릴 수 없는 헌신에 깊은 감사를 드립니다. 몇 마디 더 할까 합니다. 빅스버그 근처에 장군이 도착했을 때 사실 나는 장군이 전투에서 나보다 유능하다는 것 외에 장군에게 그 어떤 희망도 갖지 않았습니다. 내겐 혹시 전투에서 질지도 모른다는 두려움이 있었습니다. 그러나 이제 나는, 장군이 옳았고 내가 잘못 생각했다는 것을 솔직히 인정합니다.

링컨은 이 전투 이후 자신이 그토록 찾고자 노력했던 인재가 바로 그랜트임을 알아보았다. 이 편지를 받은 그랜트 장군의 마음은 어떠했을까? 대통령의 솔직함과 칭찬에 자긍심을 느꼈을 것이다. 전쟁에서의 승리라는 대통령의 목표에 부응하고자 노력하지 않았겠는가?

테네시 전투를 비롯하여 빅스버그, 미시시피 강과 서부지역 등에서 혁혁한 전공을 올린 그랜트의 승리에 대해 링컨은 진심으로 기뻐했다.

1864년 3월 10일, 링컨은 그동안 미시시피와 서부지역 사령관으로 있었던 그랜트 장군을 총사령관으로 임명하면서 그에 대한 칭찬을 아끼지 않았다.

링컨은 이렇게 말했다.

> 그랜트 장군은 내가 만난 최고의 장군입니다. 당신들은 그가 모든 다른 장군들에게 귀감이 될 것임을 잘 알 것입니다. 나는 나 없이도 전쟁을 이끌어갈 수 있는 사람을 찾아 기쁘기 한량없습니다.

대통령의 이러한 칭찬에 힘입은 그랜트는 어려움을 극복했다. 그는 끝까지 포기하지 않고 박차를 가하여 남부동맹의 로버트 리 장군으로부터 '무조건 항복'을 이끌어내 남북전쟁을 종결시켰다.

링컨이 윌리엄 셔먼 장군과 주고받은 편지에서도 그가 보여준 리더십에서 칭찬의 유용성이 유감없이 발휘되고 있음을 확인할 수 있다.

셔먼 장군은 1864년 12월에 그랜트가 로버트 리와 전투를 하는 동안 조지아 주를 점령하고 애틀랜타를 거쳐 남부동맹의 해안지대 거점지역인 서배너를 점령하여 남부동맹에 치명타를 안겨주었다. 서배너를 점령하려는 셔먼의 주장에 대해 링컨은 물론 그랜트도 지나친 욕심이라고 생각했다.

그러나 셔먼 장군은 크리스마스가 되기 전에 서배너를 점령하여 링컨에게 크리스마스 선물로 바쳤다. 링컨은 셔먼 장군에게 이렇게 편지를 보냈다.

서배너 점령이라는 장군의 크리스마스 선물에 나는 감사하고 또 감사드립니다. 장군이 대서양으로 가기 위해 애틀랜타를 떠날 때 나는 적잖이 걱정했습니다. 이제 장군의 작전은 성공했고 모든 명예와 영광은 장군 것입니다.

이 편지에 대한 셔먼의 답장은 이러했다.

대통령께서 보내주신 편지를 받고 저는 너무나 기분이 좋습니다. 특히 제가 지휘하는 부대에 관심을 가져주셔서 더욱 기분이 좋습니다. 저는 대통령 각하의 다음 목표가 무엇인지를 파악하는 대로 바로 작전을 수행할 준비가 되어 있습니다.

1865년 4월 9일 남부동맹이 항복을 하고 전쟁이 끝났을 때 링컨은 가슴이 벅찼다. 암살당하기 3일 전에 그는 백악관 뜰에 모인 군중들에게 연설을 했다.

전쟁 수행을 위한 그 어떤 계획도 작전도 나로부터 이루어진 것이 아닙니다. 이 승리의 명예 역시 나의 것은 아닙니다. 이것은 모두 그랜트 장군과 그의 유능한 장교와 용감한 군인들의 것입니다.

팔로워의 공을 인정하고 그것을 칭찬하는 것이야말로 리더가 다른 사람을 이끌 수 있는 핵심적 전략 중의 하나다. 링컨은 이러한 전략을 누구보다 뛰어나게 구사했다.
링컨은 칭찬을 싫어하는 사람은 아무도 없으며 모든 사람은 자신에게 긍정적인 말을 해주면 좋아한다는 것을 알고 있었다. 국민들은 대통령의 겸손과 칭찬을 아끼지 않는 태도에 감동했을 것이다.

 링컨의 경영노트

내 기대를 충족하려면 타인부터 칭찬하라.

심리학에서는 인간은 자신이 존중받고 뭔가 기대를 받으면 그 기대에 부응하는 쪽으로 변하려고 노력하여 실제로 그렇게 된다는 의미의 '피그말리온 효과'라는 것이 있다. 링컨은 직접적인 칭찬을 통해 자신의 뜻을 이루는 데, 강력한 지지와 도움을 얻었다.

● ○ ○

명령보다 강한 설득의 힘

"적을 없애는 가장 좋은 방법은 적을 당신의 친구로 만드는 것이다."

사람은 누구나 '자유의지'가 부족한 상태에서는 최고의 에너지를 발휘할 수 없다. 최고의 에너지는커녕 가지고 있는 에너지를 파괴시키게 되는 경우가 있다.

2006년 8월 SBS의 〈그것이 알고 싶다〉에서 '웃다가 병든 사람들, 감정노동을 아십니까?'라는 방송을 했다. 이 방송에서는 자유의지와 상관없이 무조건 친절과 미소를 강요하는 일이 우리에게 던져주는 시사점이 무엇인지 보여주었다.

감정노동(emotional labor)이란 배우가 연기를 하듯 근로자가 고객의 비위를 맞추려 자신의 감정을 억누르고 통제하는 일을 일상적으로 수행하는 것을 말한다.

말하자면 어떠한 이유로든 강요될 수밖에 없는 우리 사회의 현실에서 감정노동으로 나타나는 친절과 미소는 본인의 자유의지와는 엄청난 차이가 벌어져 있다는 것으로 '감정불일치'가 그것이다.

그들은 겉으로 보기에는 가장 친절하고 가장 서비스를 잘하는 사람이지만 사실 자유의지에 의한 것이 아니라 무조건 강요된 친절과 미소로 감정노동을 할 수밖에 없는 사람들이다. 그들 마음속에는 리더와 조직에 대한 진실함이 없다. 심지어 지나친 강요는 거짓된 마음을 가지게 할 뿐만 아니라 자신을 파괴하는 상황까지 가져온다.

왜 이런 현상이 일어나는 것일까. 그것은 무조건적인 친절과 서비스를 강요하는 우리 사회의 현실에 일차적인 원인이 있지만, 보다 근본적인 문제는 자신이 주인공이라고 하는 자유의지가 없었기 때문이라는 것이 타당하다고 본다.

링컨은 누구나 본성적으로 자신의 자유의지와 상관없이 강요받기를 싫어한다는 것을 알고 있었다. 인간은 설득의 대상이지 강요의 대상이 아니라고 링컨은 생각했다.

링컨은 명령과 강요로 일을 시키는 사람은 폭군이나 압제자와 다를 바 없다고 생각했다. 링컨은 사람들을 변호하면서 상대방을 설득하는 방법을 터득했다.

1850년 한 연설에서 그는 "가능한 법정 소송을 하지 마십시오. 어떻게 해서든 상대를 설득하십시오."라고 말했다. 대통령이 되어서도 링컨은 아랫사람들에게 명령하지 않았다. 그는 제안하고 권고를 통해서 상대를 설득했다.

1861년 3월, 대통령에 취임하던 그날 링컨은 미국 역사상 가장 위험한 위기에 직면했다. 섬터 요새가 반란군의 포대에 포위되어 있었고 설상가상으로 이곳의 보급품이 고갈되고 있었다. 이런 위기상황에서 어떤 조치를 취해야 하는가? 링컨은 내각에서 최고로 유능한 인사들에게 협력과 조언을 부탁했다.

백전노장 스콧 장군은 요새를 포기하라고 충고했다. 스콧은 섬터 요새는 무리해서 지원할 만큼 군사적 가치가 크지 않다고 했다. 해군장관 지데온 웰스 역시 이 요새를 포기하는 것이 좋겠다고 말했다. 심지어 국무장관 시워드도 같은 견해를 피력했다. 그들은 하나같이 피비린내 나는 전쟁을 피하려면 남부동맹의 요구를 들어주어야 한다고 링컨에게 주장했다.

그러나 링컨은 이들과 생각이 달랐다. 링컨은 섬터에서 군대를 철수하거나 전쟁을 먼저 시작하지 않고 보급대를 파견하는 것이 훨씬 타당하다고 생각했다. 이러한 의사결정 과정에서 평범한 리더는 자신의 생각과 다른 의견에 대해 명령과 강요로 무시하는 것이 일반적이다.

하지만 이런 상황에서도 링컨은 《이솝우화》—사자가 나무꾼의 딸을 너무나 사랑한 나머지 이빨과 발톱을 모두 뽑아주어 결국 나무꾼에게 잡히는 이야기—를 들려주어 아랫사람들을 설득하여 보급대를 파견하겠다고 선언했다.

결과적으로 링컨의 이 선택은 탁월했다. 링컨 연구가로, 특히 남북전쟁 초기 링컨 연구가로 유명한 돈 페런바처는 링컨의 선택에 대해

"남부동맹의 선제공격으로 이때부터 링컨은 강력히 대응할 수 있는 합법적 정당성을 가질 수 있었고 의회 동의 없이 독자적으로 행동할 수 있는 기회를 제공받았다."라고 했다.

전쟁을 치르는 동안 링컨은 사실상 강력한 권한을 가지고 있었다. 하지만 링컨은 장군들에게 명령하지 않았고 제안과 권고 등으로 설득하는 길을 택했다. 도널드 필립스는 링컨이 장군들에게 보낸 설득하는 내용이 담긴 편지를 모아놓았다.

할렉 장군께(1863년 9월 19일): 나는 당신이 이 점을 고려해주기를 희망합니다.

번사이드 장군께(1863년 9월 27일): 이것은 당신에게 제안하는 것이지 명령이 아니랍니다.

매클레란 장군께(1863년 10월 13일): 이 편지는 명령이라고 볼 수 있는 내용을 포함하고 있지 않습니다.

뱅크스 장군께: 나와 상관없이 당신의 판단에 따라 명령을 내리고 시간과 장소, 이것저것을 결정하십시오.

그랜트 장군께: 만약 대통령으로서 나의 권력에서 버려야 할 그 무엇이 있다면 나에게 알려주시오.

링컨이 포토맥 지역 사령관으로 번사이드 장군을 해임하고 그 후임에 후커 장군을 임명하면서 건네준 편지는 명령이 아니라 상대를 설득하여 따르게 만드는 리더십의 진수를 보여준다.

이미 매클레란을 비롯한 여러 장군들에게서 적극적인 행동을 보지 못해 애를 태웠던 링컨은 과감하게 공격하는 '투사조'라는 별명을 가진 후커 장군을 눈여겨보았다. 하지만 후커 장군에게는 한 가지 문제가 있었다. 후커는 상급자를 자주 비난했으며 심지어 말다툼까지 일삼고 있었다. 심지어 그는 전쟁 중에 미국은 독재자를 원한다는 주장을 하기도 했다.

링컨은 이러한 후커를 사령관에 임명하지 않을 수도 있었지만 자신이 추구하는 일―전쟁에서의 승리―에는 그가 적임자라고 생각했다. 1863년 1월 26일 링컨은 후커를 백악관으로 불러 임명장을 주면서 한 통의 편지를 건네주었다.

"나는 장군을 포토맥 지역 사령관에 임명했습니다."로 시작되는 이 편지의 앞부분에는 칭찬을 통해 후커를 임명한 이유를 설명하였다. 링컨은 후커의 용감성, 전략전술, 정치에 기웃거리지 않고 군인의 길을 가는 모습, 원대한 야망 등을 칭찬했다. 이어 그는 후커가 상급자를 비난한 일과 독재자를 원한다고 한 말에 대해 잘못된 행동임을 지적하고 다음과 같이 편지를 마무리했다.

나는 당신을 사령관으로 임명했습니다. 성공하는 장군만이 독재자에게 권력을 줄 수 있습니다. 지금 내가 당신에게 부탁드리는 것은 군사적 성공입니다. 장군이 성공만 한다면 나는 독재를 해볼 수도 있습니다. 이

정부는 지금까지 해온 일 이상의 능력이 다할 때까지 장군을 지원할 것입니다. 부탁드리오니 경솔하지 마십시오.

이 편지에 큰 감동을 받은 후커 장군은 몇 달 후 이를 언론에 공개하면서 마치 아버지가 아들에게 보낸 바로 그런 편지라고 말했다. 후커는 링컨에게서 당근과 채찍을 가진 리더가 아니라 설득하고 배려하는 아버지 같은 인상을 받았음에 틀림없다.

 링컨의 경영노트

감성은 이성보다 강하다.

권위와 논리의 힘으로도 타인을 승복시킬 수 있다. 하지만 일방적인 말과 행동은 상대를 수동적으로 만들 뿐이다. 결코 자신이 원하는 도움도, 동의도 이끌어내지 못한다. 감성을 통한 설득만이 상대를 강력한 지지자로 만든다.

새 시대를 연 관용과 화해의 철학

"타인의 나쁜 점을 말한다는 것은 언제나 자기 자신에게 손해를 가져온다는 사실을 기억하라. 상대의 좋은 점을 말하라. 그러면 자신에게도 남에게도 이롭다."

그것이 어떤 이유에서건 상대에 대한 복수와 악의는 엄청난 양의 에너지가 파괴되는 일이다. 그래서 예수는 심판하고 벌을 주기 위해서가 아니라 용서와 관용을 베풀기 위해 이 세상에 왔다고 했다. 일곱 번을 용서해주면 되지 않겠느냐는 질문에 예수는 일곱 번을 칠십 번씩 용서해주라고 했다. 사람은 복수의 대상이 아니라 관용의 대상이라는 것을 알기 때문이다. 링컨 역시 사람은 누구나 복수나 악의보다 관용과 용서를 더 좋아한다는 사실을 알고 있었고 그것을 실천했다.

1862년 7월 28일 루이지애나를 연방에 재가입시키는 문제를 가지고 링컨은 "나는 악의를 가지고는 어떤 일도 하지 않을 것입니다. 내가 하고 있는 일은 악의를 가지고 처리하기에는 너무나 중요하고 방대합니다."라고 말했다.

또한 1864년 재임을 위한 선거가 끝난 후 한 보좌관이 링컨에게 현 정권에 대해 가장 악랄하게 비판했던 두 명을 철저하게 보복하자고 건의했다. 이에 링컨은 이렇게 대답했다.

> 당신은 나보다도 그 사람들에 대하여 개인적 혐오감을 더 느끼는 모양인데 내가 이상한 것인지 모르겠으나 나는 그런 생각을 해본 적이 없습니다.

링컨은 역대 어느 대통령보다 많은 사면을 단행했다. 장군들로부터 올라온 탈영병에 대한 사형집행 서류를 놓고 링컨은 종이에 '적 앞에서의 두려움', '두려움에 떨고 있는 다리', '도망가려는 욕망', '취약한 발' 등이라고 적어넣었다.

그리고 장군에게 "전지전능하신 하느님께서 그 사람에게 겁 많은 다리를 주셨는데 그가 도망치는 두 다리를 어떻게 하겠습니까"라는 의견을 내놓았다.

링컨은 백악관에서 아이들과의 인형놀이를 즐겼다. 아들 윌리와 테드는 자느라고 경비의무를 소홀히 한 인형에게 사형을 선고하고 나서 아버지에게 사면을 해달라고 조르곤 했다.

그럴 때마다 링컨은 "대통령의 명령으로 인형 잭을 사면하노라. A.

링컨."이라고 서명하고 사면해주었다. 사면을 너무 많이 한다고 보좌관들이 염려를 하자 링컨은 "우리는 가능한 모든 수단을 동원하여 정부를 전복하려는 행위는 막아야 합니다. 하지만 우리는 역시 사회라는 가슴에 너무나 많은 가시를 심고 그것이 자라나게 하는 일은 반드시 피해야만 합니다."라고 했다.

사면을 받은 군인들은 연방군의 목표를 위해 최선을 다했으며 링컨을 자신들의 진정한 리더로 받아들였음은 두말할 나위도 없다.

심지어 링컨은 연방을 탈퇴하고 수많은 사람들의 목숨을 앗아간 전쟁의 책임자인 남부동맹도 관용과 용서로 수용하고자 노력했다.

1863년 10월 8일 의회에 보낸 연두교서에서 링컨은 '10퍼센트 안'을 밝혔다. 이는 연방을 탈퇴한 남부 주들 가운데 유권자의 10퍼센트 이상이 충성을 서약하는 주에 대해서는 다시 연방 소속의 주로 인정한다는 것이 핵심이었다.

승리를 눈앞에 두고 링컨은 남부동맹의 지도자들까지도 용서하려 했다. 심지어 남부동맹의 수도 리치몬드를 공격하는 서먼 장군과의 대화에서 링컨은 남부동맹의 대통령인 제퍼슨 데이비스가 슬쩍 도망가도록 장군에게 암시를 주었다.

극기를 실천하는 한 사람이 있었는데 더운 날씨에 한 친구가 레모네이드를 그에게 권했습니다. 친구는 그에게 힘을 솟아나게 하는 알약을 넣을 것이라고 하자, 그는 '원칙적으로 원하지는 않지만 내가 모르게 넣는다면 괜찮을 것 같다.'고 말했습니다. 데이비스 문제도 똑같습니다. 데이비스가 도망치는 것은 원치 않지만 내가 알지 못하게 도망가도록 하는 것도 나쁘지는 않다고 생각합니다.

링컨은 복수와 원한과는 거리가 먼 사람이었다. 그는 복수심과 원한을 가지고는 아무 일도 못할 사람이었다.

총 703단어로 된, 아주 짧지만 영원히 기억될 연설이 있다. 바로 그의 두 번째 취임사다. 전쟁에서 승리를 눈앞에 둔 마당에 전쟁의 책임을 따지고 어떻게 배상을 시킬 것인가에 관심이 가는 것은 당연한 것이다.

그러나 링컨은 이 전쟁의 책임이 누구에게 있는가에 대해 문제 삼지 않았다. 그뿐 아니라 배상에 대해 한마디도 하지 않았다.

오히려 링컨은 국민들에게 악의를 멀리하고 용서와 관용으로 새로운 시대를 맞이하자고 호소했다. 그의 두 번째 취임사의 마지막 부분에서 우리는 링컨이 갖고 있는 관용의 리더십의 진수를 볼 수 있다.

그 누구에게도 악의를 가지고 대하지 맙시다. 모든 사람을 사랑합시다. 하느님이 우리에게 정의를 보여준 것과 같은 정의에 대해 확신을 가집시다. 이제 우리 이 일(전쟁)을 끝내는 데 최선을 다합시다. 이 나라가 입은 상처를 동여맵시다. 전쟁으로 사망한 사람, 그의 아내, 그의 고아들을 돌봅시다. 그래서 우리들 사이에서 나아가 모든 나라에서 정의롭고 영원한 평화가 달성되고 지속될 수 있도록 모든 일을 합시다.

리더가 마음이 좁으면 대부분의 구성원들 역시 좁은 마음으로 행동한다. 그러나 리더가 칭찬과 설득과 관용으로 구성원을 이끌면 구성원들 역시 리더를 닮게 된다.

링컨은 비난과 말다툼은 전혀 쓸모없는 것임을 강조했다. 한번은 친구에게 "다른 사람에 대한 비난은 검은 망토가 되어 어느새 자기의 등 뒤로 오게 됩니다."라고 말했다. 또한 1863년 말다툼을 심하게 한 제임스 커즈 대위에게 이렇게 말했다.

> 정당한 것을 위해 싸움을 하다가 개에게 물리지 마시오. 차라리 그 개가 지나가도록 길을 내주시오. 당신이 개를 죽인다고 해서 개에게 물린 상처가 아무는 것은 아니지 않습니까.

링컨 리더십은 비난과 언쟁과 처벌을 통한 영향력을 행사한 것이 아니다. 링컨은 구성원을 칭찬하고 설득해서 그들 스스로 변하도록 이끌었으며 실수와 실패를 추궁하지 않고 용서하는 리더십으로 사람들을 이끌었다.

로버트 리로부터 '무조건 항복'을 하겠다는 소식을 듣고 링컨은 최대한의 관용을 베풀었다. 링컨의 관용으로 인해 남부동맹의 군인들은 아무런 처벌을 받지 않고 고향으로 돌아갈 수 있었다. 그는 항상 관용이 엄격한 정의보다 더욱 값진 결과를 가져온다는 것을 알고 있었고 이를 실천했다.

유머라는 긍정의 에너지

"나같이 밤낮으로 긴장하는 사람이
만일 웃는 일도 없었다면 벌써 죽었으리라."

중국의 사상가 노자(老子)는 죽음을 앞둔 스승을 찾아갔다.

"스승님, 마지막으로 한 가지만 더 가르쳐주십시오."

이에 노자의 스승은 아무 말을 하지 않고 입을 벌려 보이면서 "내 입 속에 남아 있는 것이 무엇이냐?"고 물었다. 노자는 "이는 없고 혀만 남아 있습니다."라고 대답했다. 스승은 "세상의 이치가 이와 같으니라. 딱딱한 것보다 부드러운 것이 훨씬 오래 가는 법이니라."고 했다.

링컨이 노자를 공부했으리라고는 생각지 않는다. 하지만 링컨은 노자의 가르침을 본능적으로 알고 있었던 것 같다. 링컨은 사람들은 딱딱함보다 부드러움을 더 좋아한다는 사실을 알았기에 그대로 실천했다.

링컨은 다른 사람과의 관계를 성공적으로 이끌기 위해서는 부드러운 유머가 딱딱하게 경직되어 있는 것보다 훨씬 효과적이라는 사실을 알고 있었다. 그래서 유머를 좋아했다. 링컨을 연구한 거의 모든 사람들이 링컨의 뛰어난 유머 감각에 대해 이야기하고 있다.

　링컨은 고향에 있을 때 그루터기에 올라 목사 흉내를 내서 마을 사람들을 즐겁게 했다. 변호사가 되어 순회재판을 할 때도 호텔이나 식당에서 유머러스한 링컨에게로 많은 사람들이 모여들었다고 한다. 아마도 이러한 유머 넘치는 링컨의 말과 행동에 영향을 받은 사람들이 링컨을 정치의 세계로 인도해준 것이 아닌가 싶다.

　정치인 링컨의 최대 무기는 상대를 파안대소하게 만드는 부드러운 유머였다. 링컨이 연방 하원의원 선거에 입후보했을 때의 일이다. 그의 상대후보 피터 카트라이트는 감리교회 소속의 유명한 부흥사였다. 그는 여러 교회의 초청을 받아 설교를 하는 연설에 관한 한 둘째가라면 서러워할 정도로 말을 잘하는 사람이었다.

　선거운동이 끝나갈 즈음에 링컨은 우연한 기회에 카트라이트가 설교를 하고 있는 어느 종교 집회에 참석하였다.

　카트라이트는 명쾌하고 유창한 말로 열변을 토하며 청중을 사로잡고 있었다. 그런데 설교를 하던 도중 그가 갑자기 "새로운 생활을 하고 진심으로 하느님을 사랑하며 이렇게 함으로써 천국에 가기를 원하시는 분은 모두 자리에서 일어나십시오."라고 외쳤다.

　그러나 카트라이트의 말에 곧바로 일어선 사람은 많지 않았다. 너무나 갑작스런 말이었기에 사람들이 제대로 알아듣지 못한 것이다. 이에 카트라이트는 주먹으로 연단을 치며 다시 소리를 질렀다.

"아니 천국에 가기를 원하는 사람이 겨우 이것밖에 되지 않는단 말입니까? 그러면 이번엔 지옥에 가고 싶지 않은 분들은 모두 일어나 보십시오."

이 말이 끝나기가 무섭게 사람들은 모두들 벌떡 일어섰다. 그런데 오직 한 사람만은 자리에서 일어나지 않고 있었다. 바로 링컨이었다. 이에 카트라이트는 링컨을 향해 손짓을 하며 소리쳤다.

"링컨 씨! 실례지만 당신은 어디로 가실 작정입니까?"

그러자 링컨은 너무나 태연하게 대답했다.

"나는 하원으로 가겠습니다."

그 순간 사람들은 웃음보가 터진 듯 웃어댔다. 링컨은 그의 대답처럼 당선되어 하원으로 갔다.

1858년 더글라스와 상원의원 자리를 놓고 경쟁할 때의 일이다. 더글라스는 링컨의 약점을 잡아 상대방을 비방하는 이른바 네거티브 전법을 쓰고 있었다. 더글라스는 많은 사람들 앞에서 링컨이 청년 때 식료품 가게를 하면서 술을 판 것을 문제 삼았다.

"여러분, 링컨 씨는 예전에 식료품 가게에서는 술을 못 팔게 되어 있었는데 법을 어기고 술을 팔았습니다. 어찌 이런 사람이 상원의원이 될 수 있습니까?"

그 말을 듣고 있던 링컨은 자신의 순서가 되자 다음과 같이 말했다.

"여러분, 더글라스 씨가 한 말은 사실입니다. 하지만 그 당시 제 식료품 가게 최고의 손님은 바로 더글라스 씨였습니다."

이 말에 청중들은 폭소를 터뜨렸다. 웃음이 잦아들기를 기다렸던 링컨은 한마디를 덧붙였다.

"그런데 말입니다. 저는 지금 식료품 가게를 하고 있지 않지만, 더글라스 씨는 여전히 그 가게의 최고 고객입니다."

청중들은 다시 한 번 배꼽을 잡았다. 링컨의 뛰어난 재치와 유머가 다시 한 번 빛을 발하는 순간이었다.

대통령이 되어서도 링컨은 유머를 잃지 않았다. 링컨은 내각 인사들과 의원들과 대화를 나눌 때 먼저 재미있는 유머를 했다. 한번은 아트머스 워드의 유머를 들려주었지만 아무 반응이 없는 의원들을 향해 "의원 여러분, 왜 웃지 않습니까? 웃음은 즐겁고 아름답고 전세계 모든 사람의 생활을 푸르게 해줍니다."라고 말했다.

링컨 대통령이 유머를 얼마나 즐겼는지 알 수 있는 일화가 하나 있다. 그것은 당시 유행했던 것인데 링컨 대통령 역시 이 유머를 매우 좋아했다고 한다.

객차 안에서 퀘이커 교도 여성 두 명이 하는 이야기다.

한 여성이 "나는 제퍼슨이 성공할 거라고 생각해."라고 말했다. 이에 다른 여성이 "왜 그렇게 생각해?"라고 물었다.

"왜냐하면 제퍼슨은 기도하는 사람이고……."

"링컨도 역시 기도하는 사람인데."

"그런데 말이야, 하느님은 링컨이 우스운 농담이나 한다고 생각할 것 같아."

링컨은 전쟁을 치르면서 수시로 엄습하는 중압감을 유머로 삭혔다. 링컨에게 유머가 없었다면 아마도 그는 미국 최대의 위기를 슬기롭게 극복하지 못했을 것이다. 전쟁이 한창일 때 링컨은 한 친구에게 유머가 고통을 완화시켜주는 일종의 마취제 역할을 한다고 말했다.

웃음은 정신 건강은 물론이고 육체 건강까지 가져온다는 사실을 링컨은 알고 있었고 이를 생활 속에서 실천하였다.

나는 진짜, 내가 재미있는 이야기를 할 때에는 어떤 술고래가 최고의 위스키를 마시는 기분이 들어. 그것은 나에게 새로운 삶을 살도록 하는 것 같단 말이야. 나는 좋은 웃음은 정신적 소화는 물론이고 육체적 소화에도 너무나 좋다는 사실을 항상 믿어.

아직 웃음의 역할에 대한 구체적인 연구가 전혀 이루어지지 않았을 때 링컨은 이미 웃음이 사람들에게 어떤 역할을 하는지 알고 있었다. 사실 오늘날 웃음에 관한 많은 연구는 "웃음은 우리 몸에서 자연치유 능력을 향상시켜주는 물질인 엔도르핀을 보다 많이 분비시켜 준다."는 것을 밝혀냈다.

링컨은 웃음이 건강은 물론 사회생활에서도 성공을 보장해주는 보증수표라는 것을 일찍부터 알고 있었다. 대통령이 되기 전이나 대통령이 되어서도 링컨은 웃음을 인간관계의 성공전략으로 활용했다. 링컨에게 있어 웃음은 단순한 즐거움 그 이상의 역할을 했다.

링컨은 웃음이야말로 다른 사람을 설득하는 데 가장 중요한 역할을 한다는 것을 알고 있었다. 다른 사람을 설득하는 능력이 바로 리더십이다. 강요나 실리적 거래 그리고 딱딱한 규칙을 따르도록 하는 것이 아니라 칭찬과 부드러운 미소로 다른 사람을 따르도록 설득하는 것이 진정한 리더십이다. 이와 관련하여 링컨은 다음과 같이 말했다.

"사람들은 내가 아주 많은 이야기를 한다고 말합니다. 나도 그렇게 생각합니다. 그러나 평범한 사람들은 다른 어떤 방법보다도 관대하고 유머스러운 이야기에 쉽게 영향을 받는다는 사실을 나는 오랜 경험으로 알 수 있습니다.

링컨은 다른 사람을 설득하고 다른 사람에게 영향력을 미치게 하는 수단으로 부드러운 웃음이야말로 최고라는 것을 알고 실천했다.

"담배를 피우고 싶은 분을 위해 비행기 날개 위에 특별석을 마련해두었습니다. 그곳에서는 재미있는 영화를 상영합니다. 제목은 바로 '바람과 함께 사라지다' 입니다."

"저희 서비스가 마음에 들지 않으신다면 6가의 출구로 뛰어내리세요."

"안전벨트에 불이 꺼지고 나면 화장실을 이용해주세요. 화장실 앞에 긴 줄은 만들지 마세요."

사우스웨스트항공사의 개성 있는 기내방송이다. 이것은 시트콤에서나 나올 법한 멘트지만 사우스웨스트의 항공기의 정식 멘트다. 이런 방송이 나가면 기장도, 부기장도, 승무원도 그리고 승객들도 모두 웃음을 참지 못한다. 출발부터 유쾌함이 넘친다.

사우스웨스트 항공사의 경영철학에서 펀(fun)은 아주 중요한 요소다. 유머 경영으로 고객과 회사와의 벽을 허물고 있다. 사람들은 사우스웨스트항공사 비행기를 이용하면서 가장 먼저 '편안하다, 믿음이 간다'는 생각을 떠올릴 것이다.

이 항공사는 1971년 설립 이후 성장을 멈춘 적이 없다. 9·11테러로 인해 미국뿐 아니라 전 세계의 항공사들이 적자에 시달렸지만 사우스웨스트는 예외였다.

이는 펀 경영이 사람들의 마음을 움직였기 때문이다. 우리는 누구나 유머, 칭찬, 설득, 관용 등은 좋아한다. 사우스웨스트는 이 점을 적극적으로 활용하는 것이다. 사우스웨스트는 또한 사람들이 가장 선호하고 들어가고 싶어하는 기업으로 선정되었을 뿐 아니라 고객들의 불만이 가장 적은 회사로 알려져 있다.

사우스웨스트 항공사의 하루는 웃음으로 시작한다. 그리고 마무리도 웃음으로 한다. 미국에서 가장 '유머 있는' 경영자 중 한 사람인 허브 캘러허 회장은 아침에 회사 정문에 도착하여 3층 사무실까지 올라가는 데 무려 두 시간이나 걸린다. 경비원을 비롯하여 만나는 사람마다 붙잡고 인사와 농담을 나누기 때문이다. 회장은 청바지에 토끼 옷을 입고서 비행기 복도를 다니면서 유머를 전파한다.

또 이 회사는 인재를 뽑을 때 채용기준으로 유머 감각을 본다. 최종 면접시험에서는 응시자에게 지금까지 들어본 것 중 가장 재미있는 것을 이야기해보라고 한다. 유머 감각이 뛰어나다면 그 응시자는 후한 점수를 받을 수도 있다.

허브 캘러허 회장의 철학은 종업원들이 웃어야 승객들을 즐겁게 할 수 있다는 것이다. 웃을 수 있는 종업원들로 만들기 위해 솔선하여 웃음을 전파하고 있다. 즐겁게 일을 하면 개인과 회사는 성공의 열쇠를 거머쥔 것과 같다.

뿐만 아니라 건강을 다루는 병원에서도 일명 '광대 세라피'가 접목되고 있다.

서울대학병원의 하루도 웃음으로 시작된다. 전문의, 간호사, 행정직원들은 하루 업무를 시작하기 전에 함께 모여 웃음치료를 받고 웃음시간을 따로 마련해두었다. 병원에서 일하는 사람들이 즐겁게 일할 때 환자들을 위해 더 헌신하고 환자들의 고통을 줄이기 위해 노력하지 않겠는가? 미국 뉴욕에서 활동 중인 빅애플 서커스단도 사람들의 주목을 끈다. 이들은 여러 병원들과 협약을 맺고 있다. 광대옷을 하고 의사가 환자를 만날 때 함께해서 그 자리를 웃음바다로 만든다.

링컨이 현재 살아 있다면 당대 최고의 유머 강사가 되지 않았을까? 그는 유머로 자신의 약점을 극복했고 유머로 미국 역사상 가장 어려운 위기를 극복한 사람이다. 그리고 부드러운 유머를 통한 정치 스타일에 동시대 사람들뿐 아니라 세계 사람들이 감동했다.

언젠가 그는 각료들에게 "나는 울면 안 되기 때문에 웃습니다. 그것이 전부입니다. 그것이 전부입니다."라고 말했다. 정말 그랬다.

유명한 웃음 연구가 윌리엄 제임스는 이렇게 말했다.

> 행복하기 때문에 웃는 것이 아니라 웃기 때문에 행복해지는 것이다.

그런데 에이브러햄 링컨은 150년 전부터 이를 알고 생활 속에서 실천했다.

 링컨의 경영노트

유머는 긍정의 에너지를 발산한다.

유머는 감정의 거리를 좁혀준다. 그리고 좋은 인상을 오랫동안 남게 한다. 링컨은 적절한 유머를 활용해 경쟁자의 거친 공격을 가볍게 비껴가며 유권자들의 주목을 끌었다. 하지만 무엇보다도 링컨은 유머를 통해 고난과 역경 속에서 좌절감과 무력감에 빠지지 않았다.

Chapter 3

신앙처럼 간직한
배움의 자세

고비마다 해답이 되어준 독서

"내가 가장 좋아하는 친구는 책을 한 권 선물하는 사람이다."
링컨의 성장기에는 책이 귀했다. 링컨이 살던 서부에서는 더더욱 책을 구하기 어려웠다. 링컨의 집은 책을 사볼 수 있을 만큼 넉넉한 형편이 못 되었으며, 집안 환경이 어려워 학교 공부도 제대로 할 수 없었다.

아버지 토머스는 링컨의 교육에는 전혀 관심이 없었다. "우리 같은 사람들에겐 교육이 급한 문제가 아니다. 아이들은 언제나 집안일을 도와야 한다."라고 말했다. 하지만 링컨의 표현대로 '고귀한 영혼'을 가진 어머니와 새어머니의 사랑과 배려로 링컨은 읽을 수 있게 되었고 독서를 통한 지식의 습득이야말로 고난을 헤쳐 나갈 수 있는 유일한 길임을 알았다.

그래서 링컨은 손에 잡히는 책이면 무엇이든 읽었다. 앞에서 말한 대로 링컨은 《성경》,《로빈슨 크루소》,《이솝우화》,《천로역정》,《신드

바드의 모험》,《조지 워싱턴의 생애》 등을 읽고 또 읽었다.

채 1년도 학교를 다니지 못했지만 그라함 선생이 말씀하신 "누구든지 영문법을 공부해야 한다."는 말을 지키려 링컨은 무려 25리나 되는 길을 걸어서 《커컴의 영문법》 복사본을 빌려보았다. 또한 이웃들에게 《머레이의 영어 읽기》와 셰익스피어의 여러 작품을 빌려 읽었다. 또한 《로마제국 멸망사》,《율리우스 카이사르》,《미합중국의 역사》,《프랭클린 생애》 등의 역사책과 전기도 읽었다.

책에 얽힌 재미난 일화가 있다. 링컨의 이웃에는 의사 크로프트가 살고 있었다. 의사는 책을 많이 가지고 있었다. 그래서 링컨은 그곳에서 일을 하고 싶어했다. 성실한 링컨에게 감탄한 크로프트는 그에게 《조지 워싱턴의 생애》를 빌려주었다. 그런데 창문 틈에 끼워둔 책이 간밤에 내린 비로 흠뻑 젖어버려 못 쓰게 되었다. 이에 링컨은 크로프트에게 정중히 사과하고 책값 대신 일을 하여 보상을 하겠다고 했다. 크로프트는 괜찮다고 했지만 링컨은 끝까지 고집을 부렸다.

크로프트는 할 수 없이 화장실의 똥을 푸는 일을 시켰다. 링컨은 그 일을 말끔하게 처리했고 의사는 더욱더 링컨을 믿게 되었다.

나이가 들면서 링컨은 〈독립선언서〉와 〈미국헌법〉 등은 물론 노예제도에 관한 여러 책을 탐독했다. 법률을 공부하면서 링컨은 당시 법학의 최고 고전이랄 수 있는 《블랙스톤의 논평》을 읽었다. 후에 링컨은 "이 책은 내 인생에 가장 마음 깊이 스며든 책입니다. 나는 이 책을 모조리 외울 수 있을 때까지 읽고 또 읽었습니다."라고 회상했다.

링컨은 아버지를 도와 농사를 지을 때도, 점원을 할 때도, 우체국장을 할 때도 책을 가까이 했다. 당시 링컨의 별명은 '늘 옆구리에 책을 끼고 다니는 키 큰 청년' 이었다. 후에 링컨은 "나는 단지 5분이라도 틈이 나면 이 시간을 그냥 보내지 않았습니다."라고 고백했다.

변호사가 되어서도 링컨은 독서를 게을리하지 않았다. 링컨은 법률에 관한 책은 물론이고 수임한 변호일에 적합한 자료를 찾아 읽고 또 읽었다. 독학으로 변호사가 된 시골 출신의 링컨이 다른 사람을 이해하고 정치가로 성공할 수 있었던 비결이다.

링컨은 신참 변호사에게 다음과 같은 충고의 편지를 보냈다.

책을 읽고 그 책에서 하고자 하는 이야기가 무엇인지 찾아내십시오. 바로 이것이 공부하는 방법입니다.

대통령이 된 링컨은 그토록 읽고 싶었던 책을 마음껏 읽을 수 있었다. 일반적으로 사람들은 그토록 원하던 자리에 오르고 나면 독서와는 담을 쌓는 경우가 허다하다. 하지만 링컨은 대통령이 되자마자 거대한 국회 도서관에서 독서를 맘껏 즐겼다.

링컨은 젊은 시절 지역 민병대원으로 잠시 군에 있었던 경험을 빼면 군에 대해 아는 바가 전혀 없었다. 민병대 대위를 지내면서 벌어진 한 에피소드는 링컨이 군에 대해 얼마나 무지한가를 잘 보여주고 있다.

링컨이 신병들의 행진을 지휘하고 있었다. 한참을 가는데 갑자기 길

앞에 큰 장애물이 나타났다. 링컨은 당황했다. 행진하던 신병들에게 좌향좌나 우향우, 혹은 뒤로 돌아 등의 명령을 내려야 하는데 아무것도 생각나지 않았던 것이다. 그래서 링컨은 이렇게 명령을 내렸다.

"흩어졌다가 장애물 반대편으로 다시 모여!"

링컨은 약 3개월의 군 생활을 마치고 군인으로서의 능력이 부족함을 알고 스스로 옷을 벗었다.

군에 대한 지식이 전혀 없었던 링컨은 대통령이 되면서 군에 대해 깊은 지식을 갖게 되었다. 전쟁을 치러야 하는 대통령으로서 군에 관해 배우지 않을 수 없었던 것이다. 하지만 보다 근본적으로는 링컨이 독서를 좋아했고 필요한 정보를 접할 수 있는 책이 있었으므로 가능했던 것이다.

링컨이 가장 많이 읽은 군에 관한 이론은 매클레란 장군을 뒤이어 총사령관에 임명된 할렉 장군이 쓴 《군사기술 및 과학 요소들》이다. 링컨은 군사이론에 해박한 지식을 가지고 있는 할렉의 책에서 남북전쟁 동안 치러진 수많은 전술과 작전을 배웠다.

전쟁이 막바지로 치달을 때 링컨은 사람들에게 이렇게 말했다.

책읽기를 즐기면 선조들이 이미 알고 있는 수많은 지식들을 직접 접할 수 있습니다. 이것들이 바로 문제해결을 쉽게 해주는 지름길입니다. 독서를 하면 이전에 해결되지 않았던 문제를 성공적으로 풀 수 있는 지혜와 능력을 가질 수 있습니다.

링컨은 스스로 독서광이라고 말하지는 않았지만 독서광 그 이상이었다. 자신의 말처럼 링컨이 미국 역사에서 가장 어려운 문제(남북전쟁, 노예해방)를 성공적으로 풀 수 있었던 배경에는 독서가 가져다 준 지혜와 능력이 있었다.

독서는 변화와 혁신을 추구하는 기업에게 필수적인 경영의 활력소다. 현대의 경영은 지식경영과 창조경영으로 함축된다. 그래서 독서는 기업에게 더욱더 중요하다. 우리나라의 기업 중에서도 독서경영을 매우 중요시하는 기업이 있다. 우림건설과 이메이션 코리아도 그런 기업에 속한다.

우림건설은 1983년 건립 이래 꾸준히 성장해온 국내 굴지의 건설회사다. 그동안 살기 좋은 아파트상 우수상 등 수많은 상도 받았지만 우림건설 하면 따라다니는 수식어는 독서경영이다. 심영섭 대표이사는 일찌감치 독서라는 경영방식을 채택해왔다. '나눔과 섬김의 자세로 서로에게 참 기쁨을 주는 풍요로운 미래창조' 라는 기업이념을 실현하기 위한 방법의 하나다.

우림건설 직원들은 단순히 책을 읽는 데 그치는 것이 아니라 독후감을 반드시 쓴다. 컴퓨터 문화가 보편화되어 있지만 손글씨로 원고지를 메워간다. 그 누구를 막론하고 만약 독후감을 써내지 않는다면 그는 우림건설의 가족이기를 포기해야 한다.

우림건설은 직원들의 독서 편의를 위해 부서별로 사무실 한쪽에 자그마한 도서실을 마련하고 있다. 각 부서에서는 전문서적이나 교양서적을 매달 10여 권씩 구매한다. 또한 우직하게 거칠다는 건설회사 이미지와는 달리 우림건설 직원은 누구든지 시 낭송과 독후감을 발표하는 시간을 가질 수 있다. 일주일에 한 번씩 간부회의에서는 시 낭송과 독후감을 발표한다. 2003년 3월부터 우림건설 직원들은 일주일 중 하루는 출근시간에 구애받지 않는 날이 있다. 게으름의 날이라 불리는 이날 직원들은 일상의 긴장에서 벗어나 자기만의 방식으로 일할 수 있다. 회사에서는 필독서를 추천해주는데 이 책에는 언제나 대표이사의 추천사가 붙어 있다. 편지지 서너 장의 추천사에는 감상문과 책을 권하는 이유 그리고 직원들에게 하고 싶은 말이 친필로 담겨 있다.

이메이션 코리아는 컴퓨터 시장과 함께 급성장을 한 쓰리엠에서 분리하여 나온 스토리지 전문업체이다. 이메이션은 작지만 강한 기업이다. 그들은 디스켓과 CD시장에서 80퍼센트 이상의 시장점유율을 보이고 있다. 컴퓨터 관련 산업이 발전해감에 따라 이메이션의 성장은 더욱 가속화되고 있다.

이메이션의 이장우 사장은 독특하고 확신에 찬 경영방식을 가지고 있다. 바로 독서경영이다. 이장우 사장은 "책을 읽는 것보다 더 확실한 교육은 없습니다. 최고의 토론식 수업을 자랑하는 그 어떤 MBA 강의도 독서만 못합니다. 매주 한 권씩 책을 읽는다면 창조력이 저절로 샘솟습니다."라고 말했다.

이장우 사장은 30명 남짓한 전직원에게 매년 80만 원에서 1백만 원의 1인당 도서구입비를 책정했다. 이 돈은 50권 정도를 살 수 있다. 이메이션의 모든 사원이 일주일에 한 권씩은 책을 읽은 셈이다. 이장우 사장 자신도 물론 독서광으로 알려져 있다. 직원들과 사장의 독서는 책을 읽는 데서 그치지 않고 경영에 직접 영향을 준다. "눈으로 보는 가운데 창조가 나온다."는 톰 캘리에게서 힌트를 얻어 '창조룸'을 만들어 이메이션의 제품을 전시하고 매일 눈으로 보게 한다. 이장우 사장은 IMF로 회사가 부도 위기에 놓이게 되었을 때에도 독서에 대한 지원은 아끼지 않았다.

아무리 어려워도 책값은 전부 회사에서 지불할 테니 보고 싶은 책을 마음대로 사서 보십시오. 책보다 더 훌륭한 스승은 없습니다. 우리는 곧 위기를 벗어날 수 있습니다. 좋은 시절이 올 것을 준비하면서 지식의 창고를 풍요하게 해놓는 것도 큰 의미가 있습니다. 그렇지요? 그렇다고 여러분께 독후감을 내라고도 영수증을 보자고도 하지 않겠습니다… 책값이 얼마가 들더라도 좋으니 각 부서 책임자들은 책값에 대해서는 전결로 즉시 지급하십시오.

그리고 언제나 열정적으로 독서경영을 실천하는 이메이션 코리아는 직원 1인당 매출이 10억 원을 돌파했다. 신화를 창조한 것이다.

2006 전국 NIE 대회에서 '올해의 신문 읽기 스타'로 인기 방송인

김제동 씨가 선정되었다. 시상식에 나온 김제동은 이렇게 소감을 얘기했다.

저는 책과 신문을 많이 읽습니다. 매일 아침 비달되는 신문은 노무현 대통령, 부시 대통령, 그리고 평생을 살아도 만나지 못할 것 같은 아프가니스탄의 소녀를 만나게 하며 석학들의 이야기도 듣게 합니다.

신문이든 책이든 독서의 유용함을 너무나 잘 표현한 말이다.

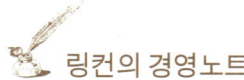 링컨의 경영노트

독서는 솔루션이다.
링컨에게 독서는 역경과 고난을 헤쳐나가는 솔루션이었다. 그는 독서를 통해 인디애나의 촌에서도 변호사의 길을 걸었고, 남북전쟁이란 위난의 순간에서도 전략적인 그림을 그려, 장군들을 독려할 수 있었다. 독서는 고비마다 해결책을 제시해주는 밑거름이었다.

프로페셔널은 준비하는 자세

"나는 계속 배우면서 준비해나간다.
언젠가는 나에게도 반드시 기회가 찾아올 것이다."

학습을 하는 링컨의 태도는 단순한 독서 수준을 넘고 있다.

"나는 내 손에 어떤 문제가 들어오면 그 문제를 끝까지 파고들어 처리합니다." 이런 태도가 성공의 뒷받침이 되었다.

비록 정규교육은 받지 못했지만 연구하는 그의 태도는 어린 시절부터 형성되었던 것 같다. 친구인 그리스비는 링컨의 어린 시절에 대해 "그는 놀다가도 집중해서 책을 읽는 습관을 가지고 있었다."라고 말했다.

링컨은 여러 이유로 책을 좋아했는데 책에 대한 그의 집착은 단순한 취미를 넘어 문제를 해결하는 방안을 찾기 위해 철저히 연구하고 준비하는 수준이었다.

성장기에 목사 흉내 내기를 좋아했던 링컨은 자신이 하는 말에 대한 정확한 정보가 필요했을 것이며 그 해결 방법이 바로 철저하게 연구하고 준비하는 것이었으리라. 링컨은 언제나 각종 자료를 통해 얻은 지식으로 듣는 사람들을 매우 즐겁게 해주었다.

링컨은 변호사로 성공하기 위해 가장 필요했던 두 가지, 영문법과 법 지식을 철저하게 공부하여 자신의 것으로 만들었다.

링컨은 훌륭한 선배 변호사인 스티븐 로건으로부터 많은 것을 배웠다. 로건은 "링컨은 자신의 능력만을 믿지 않고 상대 변호사나 검사가 말할 수 있는 내용까지 세세히 연구했다. 또 그는 매 사건마다 준비를 철저하게 했다."라고 말했다.

사실 '링컨-더글라스 논쟁' 이전에는 링컨이라는 존재는 거의 알려지지 않았었다. 1858년 상원의원 선거에서 링컨은 더글라스에게 패배했지만 이즈음 계속된 수차례의 논쟁은 링컨을 단번에 전국적인 인물로 만들어주었다. 링컨은 비록 신참에 불과했지만 노예제도를 비롯한 기본지식은 물론 상대 더글라스의 관점까지 철저히 연구해 논쟁에서는 압도적인 승리를 거둔 것이다.

대통령이 되어서도 링컨은 어떤 결정을 하기 전에 연구와 준비를 소홀히 하지 않았다. 그는 각료들로부터 의견을 들었다. 그는 책으로부터 지식을 얻었다. 그는 스스로 현장을 방문하여 상황을 파악하였다. 자신이 방문할 수 없을 때에는 휘하 사람들을 파견하여 정보를 가져오도록 했다.

다양한 루트를 통해 얻은 정보를 링컨은 종합하고, 연구하고, 충분히 성찰한 후 결정을 내렸다. 그리고 링컨은 한번 내린 결정에 대해서는 믿음을 가졌다.

링컨의 연구와 준비는 그의 연설문에 잘 나타나 있다. 대통령이 되기 전에도 그랬지만 대통령이 되고 난 후부터 링컨은 가능한 한 즉흥연설을 하지 않았다. 대통령이 되고 얼마 지나지 않아 그는 "나는 말을 아끼고자 합니다. 대통령의 발언은 보다 많은 영향을 끼칠 수 있기 때문입니다."라고 말했다.

그 대신 링컨은 보다 많은 준비를 통해 신중하게 말을 했다. 링컨의 주옥과 같은 연설 중에는 두어 달을 준비한 연설도 있다. 그것이 바로 유명한 게티스버그 연설이다. 사실 링컨은 게티스버그 묘지 봉헌식에 연사로 초청된 것은 아니었다. 하지만 대통령으로서 대의를 위해 산화해간 영혼들을 위해 한마디는 해야 할 것 같았다.

그래서 링컨은 준비하고 또 준비했다. 봉헌식이 있기 일주일 전에는 보좌관들에게 연설문을 보여주면서 어느 단어가 좋은지 물어보곤 했다. 어쩌면 연설할 수 있는 기회가 없을 수도 있었지만 링컨은 단어 하나하나를 다듬고 또 다듬었다.

당대 최고의 연사인 하버드 대학 총장 에드워드 에버렛은 링컨 바로 앞에서 연설했다. 장장 두 시간이나 끌었다. 사람들은 거의 녹초가 되었고 뒤이어 대통령의 연설이 있다고 했지만 아무도 관심이 없었.

10문장 272단어로 된 링컨의 연설은 미국뿐 아니라 세계 역사에서도 아직까지 가장 위대한 연설 중 하나다.

게티즈버그 연설

　지금부터 87년 전 우리의 조상들은 이 대륙에 자유를 신봉하고 모든 사람은 평등하게 창조되었다는 명제에 헌신하는 새로운 국민을 창조했습니다.

　지금 우리는 그렇게 신봉하고 헌신하는 국민이 오랫동안 지속할 수 있는가를 실험하는 전쟁 속에 있습니다. 오늘 우리가 모인 이 자리는 남군과 북군 사이에 큰 싸움이 벌어졌던 곳입니다. 우리는 이 나라를 위해 목숨을 바친 사람들에게 마지막 안식처가 될 수 있도록 그 싸움터의 땅 일부를 헌납하고자 여기 왔습니다. 우리가 이렇게 하는 것은 너무도 당연하고 적절한 것입니다.

　그러나 좀더 큰 의미에서, 우리는 이 땅을 헌납할 수도, 신성화할 수도, 성역화할 수도 없습니다. 여기 목숨 바쳐 싸웠던 그 용감한 사람들, 전사자 혹은 생존자들이 이미 이곳을 신성한 땅으로 만들었기 때문에 우리로서는 거기에 더하고 뺄 것이 없습니다. 세계는 오늘 우리가 여기 모여 무슨 말을 했는가를 별로 주목하지도, 오래 기억하지도 않겠지만 그 용감한 사람들이 여기서 수행한 일이 어떤 것이었는지는 결코 잊지 않을 것입니다. 그들이 싸워서 그토록 숭고하게 전진시킨, 그러나 미완으로 남긴 일을 수행하는 데 헌납되어야 하는 것은 오히려 우리들 살아 있는 자들입니다. 우리 앞에 남겨진 그 미완의 큰 과업을 다하기 위해 지금 여기 이곳에 헌신해야 하는 것은 우리들 자신입니다. 우리는 명예롭게 죽어간

이들로부터 더 큰 헌신의 힘을 얻어 그들이 마지막 신명을 다 바쳐 지키고자 한 대의에 우리 자신을 봉헌하고, 그들이 헛되이 죽어가지 않았다는 것을 명백하게 증명해야 합니다. 하느님의 사랑 아래 우리 국민은 자유를 새롭게 탄생시켜야 합니다. 그리고 국민의 국민에 의한 국민을 위한 정치가 지구상에서 사라지지 않도록 해야 합니다.

대통령 첫 취임사와 노예해방선언 역시 링컨 스스로 철저히 준비한 연설문들이다. 산상수훈으로까지 불리는 링컨의 재임 취임사 역시 언제나 배우는 자세에서 만들어진 주옥과 같은 문장이다.

많은 사람들은 훌륭한 리더들의 결과만 본다. 하지만 그들의 리더십은 결코 하루아침에 이루어진 것이 아니다. 리더십은 매일 조금씩 발전하는 것이다. 그 과정에는 무한한 인내와 준비가 필요하다.

링컨 리더십의 핵심에는 바로 배움을 통한 중단 없는 준비와 인내가 있었다.

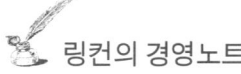 링컨의 경영노트

R&D, 현장을 기억하라.

비즈니스의 세계는 문제의 연속이다. 선도적인 문제해결 능력이야말로 현대 기업경영에서 가장 필요로 하는 자질이다. 그러나 정확한 솔루션과 문제해결 능력은 깊이 있고, 현장 중심의 R&D를 통해서만 얻을 수 있다. 그러므로 대안 있는 R&D는 현장을 잊어서는 안 된다.

호기심이 없는 자는 죽은 자다

"나는 천천히 걸어가는 사람이다. 그러나 뒤로는 가지 않는다."

링컨에게 언제나 배우는 자세를 가지게 했던 원동력은 타고난 호기심이었다. 링컨이 독서를 광적인 수준으로 좋아한 것은 독서를 어려움을 극복하는 유일한 방법으로 생각했기 때문이다.

하지만 링컨을 독서광으로 만든 보다 근본적인 이유는 바로 사실에 대한 누를 수 없는 왕성한 지적 호기심 때문이었다. 링컨은 궁금한 것은 참지 못했고 이를 해결하기 위해 그토록 책을 좋아했던 것이다.

한때 그는 "내가 알고 싶은 것은 모두 책에 있다. 나의 가장 친한 친구는 내가 읽지 않은 책을 찾아주는 사람이다."라고 말할 정도였다.

링컨이 사실을 생명보다 더 중요하게 다루어야 하는 변호사를 선택한 것도 결코 우연이 아니다. 구체적인 사실에 바탕을 두어야만 생명력을 유지하는 변호사를 선택한 것은 진실의 위력을 알았고 그것을 충족시키고픈 링컨의 강한 호기심이었을 것이다.

변호사였을 당시 링컨은 의뢰받은 사건에 대해 변호를 철저히 준비했다. 혹시 조금이라도 모르는 분야가 있으면 관련 책을 보고, 그 분야의 전문가를 직접 찾아가서 물어보았다.

친구이자 동료 변호사였던 윌리엄 헌든은 "링컨은 시계, 바퀴페달, 각종 기계류 등 모든 발명품은 물론이고, 잘 알지 못하는 모든 것에 호기심을 나타냈습니다."라고 말했다. 헌든은 링컨의 호기심에 대해 이렇게 회상했다.

> 링컨은 모든 것의 내부, 외부, 위, 아래, 옆 등 하나하나를 구체적으로 알고 싶어했습니다. 심지어 그는 길을 걸어가다가 신기한 것을 보게 되면 그 자리에 멈추고는 그것을 샅샅이 살펴보았습니다.

친구 조슈아 스피드 역시 링컨의 호기심에 대해 다음과 같이 말했다.

> 링컨은 보는 모든 것들을 탐구했습니다. 그는 보고, 읽고, 듣는 것을 자신의 정보로 쌓아두었습니다. 이를 통해 그는 탁월한 정책을 이끌었습니다. 문제에 부딪혔을 때도 그것이 풀릴 여지가 조금이라도 있다면 링컨은 아주 작은 것이라도 그냥 지나치지 않았습니다. 링컨에게 해결될 수 없을 만큼 어려운 문제는 없었습니다.

스피드의 말처럼 링컨은 호기심으로 채워진 정보를 바탕으로 정책을 펼쳐나갔다. 대통령이 되어 링컨은 연방을 탈퇴한 남부동맹과 전쟁을 할 것인가, 하지 않을 것인가 고심했다. 하지만 링컨은 문제를 해결하기 위해 정보를 수집했고 이를 바탕으로 섬터 요새를 지원하기로 결정했다.

독립 후 아무도 탐험하지 않은 바다에 해도도 없이 탐험을 시도한 것은 링컨의 호기심의 발로였다. 링컨은 남부와의 화해를 종용하는 대세를 무조건 따르지 않았다. 그는 과연 어느 길이 국민을 위하는 길일까 고심했을 것이다. 그는 어느 길이 민주주의를 위하는 길일까 고심했을 것이다. 그는 어느 길이 독립선언서와 연방헌법이 보장하는 자유와 평등을 보장할 수 있는 길일까 고심했을 것이다.

만약 링컨이 아무런 호기심 없이 그냥 화해를 선택했다면 미국은 아마도 지금과는 많이 달라졌을 것이다.

노예해방문제도 마찬가지였다. 어떤 사람들은 링컨이 노예제도 폐지에 적극적이지 않았다는 이유로 그를 비난한다. 하지만 링컨에게 노예제도는 처음부터 악이었고 언젠가는 사라져야 할 제도였다.

전쟁 초기, 보다 궁극적인 목표인 연방수호가 급선무였기에 노예제도문제가 잠시 우선순위에서 밀려 있었던 것이다. 링컨은 노예해방선언을 일찍부터 준비했으며 발표 시기를 신중하게 따졌다. 그리고 때가 되었다고 판단되었을 때 이를 공포해 효과를 극대화시켰다.

전쟁이 끝나갈 무렵 링컨은 사람들에게 "새롭고 가치 있는 그 어떤 일을 발견했을 때보다 마음이 더욱 즐겁고 행복한 경우는 없습니다."

라고 자주 말했다.

링컨은 타고난 호기심으로 모든 것을 배웠다. 그는 변호사, 정치가, 대통령으로서 그리고 무엇보다 그가 살아가면서 접한 모든 일을 호기심 어린 눈으로 보았다. 이것이 가장 위험한 위기를 극복하게 한 원동력이었을 것이다.

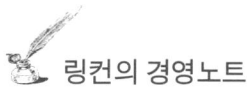 링컨의 경영노트

탐구심으로 정체된 일상을 자극하라.

호기심은 일상화되어 있는 우리의 지각이나 인식의 낯익음을 깨고, 그것을 다시 낯설게 하여 지각의 신선함을 되살리는 행위다. 우리의 지각을 신선하게 유지시켜 창의력과 혁신을 가져오는 힘은 호기심에서 비롯한다.

● ○ ○
자기만의 실패학을 가져라

"길이 아주 미끄럽기는 해도 아주 낭떠러지는 아니야."
"실패는 성공의 어머니."

발명왕 에디슨이 한 말이다. 그는 전구를 만들면서 무려 2000번을 실패했다고 한다. 어떤 기자가 에디슨에게 2000번이나 실패했는데 중간에 포기하고 싶은 마음이 없었느냐고 묻자, 에디슨은 이렇게 대답했다.

"포기라니요. 난 단지 2000번의 과정을 거쳤을 뿐입니다."

에디슨은 실패를 성공을 위한 과정으로 삼았다. 에디슨은 실패를 성공을 위한 신의 선물이자 고효율의 과실로 받아들였던 것이다.

실패에 관한 경험은 링컨도 에디슨 못지않다. 링컨의 인생은 실패를 통해 배울 수 있다는 것을 평생 체험하는 과정이었다.

링컨이 스프링필드에서 생활할 때 《과학연보》를 보고 있는 한 친구에게 그 책을 빌렸다. 책을 다보고 난 후 링컨은 "이 책은 실험을 통한 실패 경험을 많이 수록해두었기 때문에 다른 책보다 가치가 크다."라고 했다. 이어 그는 실패의 유용성에 대해 다음과 같이 말했다.

우리는 일반적으로 과학과 철학 분야에서 성공한 사례를 많이 접합니다. 하지만 실패와 어려움의 역사 역시 일상생활에서 매우 중요합니다. 그것이 문제해결을 위한 시간뿐 아니라 고된 연구과정을 보다 쉽게 해주기 때문입니다.

링컨의 인생은 실패의 연속이라고 해도 과언이 아니다. 링컨은 사업에 실패했다. 23세에 주의회 의원에 출마하여 낙선했다. 그 후 링컨은 주의회 의원으로 연속해서 네 번 당선되었고 한 번의 연방 하원의원에 당선되었다. 하지만 그전에 이미 연방 하원의원에 세 번 출마하여 세 번 모두 낙선하였고 선거인단에 출마해서도 낙선했다. 또 연방 상원의원에 두 번이나 출마하여 두 번 다 실패하고 부통령에 출마해서도 실패했다. 하지만 링컨에게 이러한 실패는 대통령이라는 목표를 달성하는 간이역에 불과했다.

링컨에게 죽음은 남다른 의미를 가지고 있다. 9세 때 사랑하던 어머니가 죽었다. 19세 때 누이 사라가 죽었다. 26세 때 사랑하던 애인 앤이 죽었다. 41세 때 아들 에드워드가 죽었다. 42세 때는 아버지가 죽었다. 대통령이 되어 53세 때 셋째아들 윌리엄이 또 죽었다.

링컨을 연구한 사람들은 링컨의 모습에는 우울함이 깃들었다고 한다. 아마도 죽음에 대한 링컨의 겸허한 태도에서 나온 모습이 아닐까 한다.

하지만 링컨은 우울해할 수만은 없었다. 링컨은 실패와 역경 속에서 새로운 것을 배우고 추구했다. 링컨에게 특히 비판적이었던 언론인 호레이스 그릴리는 다음과 같이 썼다.

> 링컨은 어려움이 얼마나 많은지에 상관없이 그것으로 인하여 생기는 여러 일들이 가르쳐주는 것을 놓치지 않고 기쁘게 받아들였습니다. 시간이 흐를수록 그는 실패와 어려움으로부터 많은 것을 배웠습니다. 그리고 그만큼 성숙해졌으며 그 누구도 그것을 인정하지 않을 수 없습니다.

대통령이 되어 전대미문의 위기에 부딪힌 링컨은 전쟁을 해야 하는가, 말아야 하는가 하는 엄청난 번민에 휩싸였지만 그는 정당한 대의를 놓고 결코 타협하지 않았다. 그리고 연방수호라는 명확한 목표가 정해진 이상 전쟁에서 승리해야만 했다.

자칫 실패할 수도 있는 전쟁이었지만 링컨은 궁극적인 승리를 위해서는 실패의 위험을 감수해야 하는 것을 알고 있었다. 그래서 링컨은 누구보다도 실패에 관대한 대통령이었다. 링컨은 실패를 두려워한다면 어떤 행동도 행할 수 없다는 것을 알고 있었다.

그래서 링컨은 실패할까봐 두려워하면서 머뭇거리는 매클레란 장군에게 몇 번에 걸쳐 "시도하지 않으면 성공할 수도 없습니다. 전투에

임하십시오."라고 독려했다.

링컨은 전투에서 패한 장군들에게도 책망이나 책임추궁을 하지 않았다. 오히려 링컨은 패전의 책임이 자신에게 있음을 인정하고 장군들에게 지원과 격려를 아끼지 않았다.

링컨은 1차 불런 전투에서 패한 맥도웰 장군을 몸소 찾아갔다. 그리고 맥도웰에게 "장군에 대한 나의 믿음은 언제나 똑같습니다."라고 말했다. 프레드릭스버그 전투에서 패한 번사이드 장군에게, 챈셀로스빌 전투에서 패한 후커 장군에게, 와일더니스 전투에서 패한 그랜트 장군에게 링컨은 한결같은 지원과 격려를 약속했다.

특히 그랜트 장군의 패배 후 의회와 시민들은 무거운 처벌을 요구했지만 "나는 장군을 믿습니다."는 말로 그 요구를 일축했다. 전쟁터로 그랜트를 찾아간 링컨은 "장군의 제안을 언제든지 환영합니다. 승리를 위해서라면 무엇이든 지원하겠습니다."라고 격려했다.

리더가 구성원들의 실패에 대해 관대하다면 그 조직은 혁신적 성장을 할 수 있다. 반대로 리더가 실패에 대해 옹졸하다면 그 조직은 성장을 멈출 것이다.

링컨은 실패를 용인하는 관대한 리더였다. 링컨은 실패를 새로운 성장을 위한 학습기회로 보았다. 그는 실패를 올바른 방향으로 가는 디딤돌로 생각했다. 그는 구성원들이 실패했을 때에도 그들에 대한 믿음을 잃지 않았다.

기자들이 링컨에게 연설문에 대한 자료를 어디에서 구하느냐고 질문했다. 링컨은 "나는 많은 실패를 했습니다. 하지만 나는 실패를 실패로 두지 않고 잘 활용해 성공의 밑거름이 되게 합니다. 이런 경험을 통해 많은 자료를 찾습니다."라고 말했다.

위대한 리더들은 배우기를 멈추지 않는다. 최크의 리더들에게 배움은 언제나 현재진행형이다. 공자는 배우는 것이야말로 기쁜 일이라 하지 않았는가.

링컨은 계속 배웠으며 그에게는 실패도 배움의 연속이었다. 링컨에게 실패로 인한 포기는 있을 수가 없었다. '포기'는 단지 배추를 세는 단위에 불과했다.

링컨의 경영노트

실패는 성공을 위해 내는 세금이다.

실패를 거치지 않고 성공을 꿈꾸는 것은 복권을 사는 것과 같다. 실패는 성공으로 가는 과정이며 발판이다. 실패를 통해 개선점을 찾지 않으면 진보할 수 없다. 자기만의 실패학을 세우는 것, 그것만이 좀더 확실한 성공을 보장한다.

Chapter 4

삶의 의지가 되어준 비전

꿈에 걸맞는 오늘을 살아라

"나는 승리에 사로잡힌 사람이 아니라 오직 진실에 사로잡힌 사람이다. 나는 성공에 사로잡힌 사람이 아니라 내 안에 있는 빛에 사로잡힌 사람이다."

링컨의 성장배경을 보면 가장 위대한 대통령이라는 수식어는 어울리지 않는다. 살펴보았듯이 링컨은 시공간적으로는 물론이고 가정적으로도 위대한 리더와는 동떨어진 배경을 가지고 있었다.

링컨의 환경에는 준비된 것이 거의 없었다. 개척시대에 태어난 링컨은 오늘날과 같은 의무교육을 받을 수 없었다. 게다가 링컨은 서부 산골짜기에서 태어났다. 가난한 농부의 아들로 태어난 링컨은 교육보다 당장 먹고 살아가는 일이 더 절실했다.

하지만 링컨은 이런 어려운 환경으로부터 벗어나고자 했다. 두 어머니의 지극한 사랑으로 글을 깨우치게 된 링컨은 공부를 통해 자신의 인생을 개척하고자 했다. 그는 책읽기를 너무나 좋아했고 책 속에 모든 길이 있음을 알게 되었다.

아버지 토머스는 링컨이 자신을 도와 농사일을 하기를 원했지만 링컨은 농사보다 책읽기를 더 즐겼다. 책이야말로 어려운 환경을 이겨낼 수 있는 최선의 길이었다.

점원, 잡화점 경영, 군인, 우체국장, 측량기사, 정치, 변호사 등의 일을 하면서 링컨의 궁극적인 목표는 항상 선을 행하는 것에 맞추어져 있었다.

링컨을 거쳐간 여러 일들 중 '항상 선을 행할 수 있는 일'에 가장 적합한 일은 변호사였다. 변호사야말로 그가 목표하는 가치관을 실현시켜줄 수 있는 일이었다.

왜냐하면 링컨의 꿈은 부나 명예의 추구가 아니었다. 그의 꿈은 '항상 선을 행할 수 있는 일'이었다. 그것은 바로 '국가와 국민을 위해서 자신이 헌신하는 일'이었다.

링컨에 관한 많은 연구들을 보면 링컨이 어린 시절부터 '대통령이 되는 꿈'을 꾸었다고 한다. 하지만 링컨에게 대통령은 하나의 상징에 불과했던 것이다.

그는 사람들에게 대통령직을 잠시 맡고 있다고 말하곤 했다. 그는 "솔직히 말해 내가 대통령감이라고 생각해본 적은 단 한 번도 없습니다. 나는 오직 국민의 충복일 뿐입니다."라고 말했다.

말하자면 링컨에게 있어 대통령은 그의 꿈을 실현하는 최상의 수단이었다. 대통령이 되지 않았더라도 링컨은 '항상 선을 행하고 국가와 국민을 위해 헌신하는 일'을 했을 것이다.

링컨은 민주주의를 위해 헌신했다. 그는 입버릇처럼 "모든 사람은 자유로워야 한다."라고 외쳤다. 링컨은 백인이든, 흑인이든 인간은 자유로운 존재라는 신념을 가지고 있었다. 또한 그는 인간은 평등하게 창조되었다는 신념도 가지고 있었다.

링컨은 자유와 평등의 원리가 미국 '건국의 아버지들'로부터 온 것임을 알고 이를 실천하고자 했다. 이것이 보장되는 사회를 만드는 것이 바로 링컨의 목표였고 그가 추구하는 위대한 진리였다.

링컨은 자신의 목표와 위대한 진리를 위해서는 연방이 보존되어야 한다고 생각했다. 그래서 한결같이 연방분리에 반대했다. 대통령이 되기 전인 1858년 공화당 전당대회에서 링컨은 아직도 사람들의 뇌리에 박혀 있는 '분리된 집'에 관한 유명한 연설을 했다.

> 둘로 나누어 서로 싸우는 가정은 결코 유지될 수 없습니다. 나는 이 정부가 절반은 노예제를 유지하고 절반은 자유로운 상태로 영원히 지속될 수 없다고 믿습니다. 나는 연방이 해체되는 것을 원하지 않습니다. 나는 가정이 무너지는 것도 기대하지 않습니다. 다만 나는 이 분열이 끝나기를 바랄 뿐입니다. 그것만이 모두가 하나 되는 길입니다.

연방이 분리되지 않고 하나로 유지되어야 하는 이유 역시 링컨은 건국의 아버지들로부터 찾았다.

하나 된 연방 속에서 자유와 평등이 보장되는 민주주의의 실현은 당시의 사람들에게는 너무 높은 이상으로 보였을 것이다.

하지만 링컨에게 그것은 실현 가능한 목표였다. 링컨에게 민주주의의 대의는 시기의 문제일 뿐 언젠가는 실현될 수밖에 없는 것이었다.

링컨은 대통령이 되어 연방의회 앞의 길과 교량을 수리하는 비용을 청구하면서 의원들에게 다음과 같이 말했다.

목표를 향해 달리고 의심하지 마십시오. 어떤 것도 견딜 수 없을 만큼 어려운 것은 없으며 끊임없이 추구하면 길을 찾을 수 있습니다.

비전은 한 개인뿐 아니라 기업이나 조직의 목표를 달성하는 데 있어서도 매우 중요하다. 구성원들이 하나 되어 목표를 향해 달려가고, 힘을 합하는 데 있어 비전은 끊임없이 동기를 부여하고, 격려하는 중요한 역할을 하기 때문이다. 비전은 바로 목표를 이루는 데 필요한 정신적 근원이라 할 수 있다.

노드스트롬백화점의 비전은 무엇일까? 바로 '최고의 고객감동 서비스를 제공하는 것'이다. 고객감동은 노드스트롬에게 최고의 가치다. 고객에게 기대 이상의 서비스를 제공함으로써 느드스트롬은 다시 찾고 싶은 백화점 1위로 뽑혔다. 노드스트롬은 1901년 시애틀의 작은 구두가게로 출발했다. 그리고 1970년대 이후 지속적인 성장을 거듭해 구두뿐 아니라 의류, 액세서리 등을 판매하는 미국 최고의 백화점으로 자리 잡았다. 노드스트롬이 미국의 다른 백화점인 블루밍데이나 메이시보다 월등히 나은 물건을 갖추고 있는 것은 아니다. 월마트나 타킷 같은 곳보다 가격과 품질도 결코 뛰어나지 않다. 노드스트롬의 물건가격이 다른 곳보다 더 비쌀 때도 있다. 그럼에도 노드스트롬이 소비자 대상 백화점 인지도 1위인 이유는 무엇일까? 미국 사람을 비롯해 세계 사람들이 노드스트롬을 기억하는 이유는 무엇일까? 노드스트롬의 경영 방식의 비밀은 무엇일까? 그것은 고객에게 감동을 주는 최고의 서비스를 기업의 비전으로 제시하고 이를 철저히 실천하는 데 있다.

마이클 레빈은 《깨진 유리창 법칙》에서 노드스트롬의 비결을 한마디로 설명했다. 바로 피아니스트라는 것이다. 노드스트롬은 고객감동 서비스를 위해 섬세한 배려를 하고 있다고 밝혔다. 예를 들면 노스스트롬은 백화점에서 최고의 위치에 상품을 진열하지 않고 멋진 피아노를 두고 있다. 그리고 최고 수준의 피아니스트의 연주를 통해 백화점을 찾는 고객에게 격조 있는 색다른 감동과 기대 이상의 서비스를 받는 기분을 준다는 것이다. 이외에도 널리 알려진 노드스트롬의 고객감동 서비스는 무수히 많다.

한 고객이 노드스트롬에서 쇼핑을 한 후 비행기 티켓을 백화점에 두고 공항에 왔다. 비행기 시간이 임박해 어쩔 줄 모르는데, 저쪽에서 비행기 티켓을 흔들면 달려오는 사람이 있었다. 바로 택시를 타고 달려온 노드스트롬 직원이었다. 그 고객은 노드스트롬의 친절한 배려로 인해 무사히 비행기를 탈 수 있었다.

노드스트롬 백화점의 세일이 막 끝난 날 한 부인이 백화점을 찾아왔다. 부인은 세일이 끝난 것을 모르고 왔다. 평소에 꼭 사고 싶었지만 너무 비싸서 못 사 입은 바지를 사고 싶어했다. 하지만 그 매장에는 그녀에게 맞는 치수가 이미 다 팔린 상태였고 판매원은 인근 지역에 있는 다섯 군데의 노드스트롬 백화점 매장에 문의를 해보았지만 그 치수의 바지가 없었다. 판매원은 길 건너편에 있는 경쟁사인 백화점으로 달려갔다. 그곳에는 그 치수의 바지가 있었다. 판매원은 다시 노드스트롬으로 달려와 매니저에게 돈을 받아 그 백화점에 가서 그 바지를 사왔다. 판매원은 바지를 정가대로 사왔지만 그 부인에게는 세일된 가격으로 그 바지를 넘겨주었다.

노드스트롬은 최고의 고객감동 서비스를 실천하기 위해 독특한 방법을 채택하고 있다. 첫째, 고객 개별화 서비스 전략이다. 이를 위해 노드스트롬은 모든 직원에게 입사와 동시에 고객관리용 수첩을 지급한다. 이 수첩은 고객별 관리가 쉽도록 고안되었다. 판매원은 이 수첩에 자신이 상대한 모든 고객의 이름과 전화번호는 물론 결제계좌 번호, 치수, 이전 구입품과 시기, 메이커 선호도나 취향 등 고객에게 필요한 정보를 그때그때 꼼꼼히 기록한다. 개인별로 차별화된 서비스와 판매 계획을 세울 수 있다. 그리고 오전에는 기록한 정보를 가지고 고객관리를 한다. 전화를 걸어 안부를 묻거나 신상품을 소개하고 구입한 제품의 만족도를 묻는다. 둘째, 종업원에게 주인의식을 불어넣는다. 노드스트롬의 종업원은 하나같이 주인의식을 가지고 있다. 회사는 종업원의 주인의식을 높이기 위해 세계 소매업계 최초로 판매수수료제도를 도입했다. 그 외에 각종 종업원 보상제도도 노드스트롬을 하나의 가족으로 묶어주고 있다. 셋째, 노드스트롬에는 "모든 상황을 스스로 판단하여 고객에게 이익을 줄 수 있는 방향으로 행동하라."라는 지침 이외의 그 어떤 규정이나 원칙이 없다. 노드스트롬은 고객에게 최고의 감동 서비스를 제공하는 비전을 실천하는 데 사소한 것은 문제가 되지 않는다는 것을 보여주고 있다.

P&G의 경영이념이자 비전은 전세계 소비자들의 삶의 질을 높이는 최상의 품질과 가치를 지닌 상품을 공급하겠다는 것이다.

사실 소비자들에게 P&G라는 이름이 귀에 익숙하지 않을지도 모른다. 그러나 P&G가 생산하고 판매하고 있는 제품들은 아주 익숙할 것이다. P&G는 1837년 미국 오하이오 주 신시내티에서 초와 비누 등의 생필품을 생산, 판매하는 기업으로 출발하여 현재는 유아용품, 미용용품, 여성위생용품, 식음료품, 세정 및 가정용품, 종이 관련 제품, 건강관리 제품 등을 가지고 있다. P&G는 전세계 소비자들의 사랑과 신뢰를 받고 있다. 보통 기업의 생명이 30년 남짓이라고 하지만 P&G는 나이를 잃어버린 기업이다.

P&G는 소비자를 위한 비전을 실천하기 위해 6가지의 핵심가치를 존중한다. 첫째, 인재에 대한 비전이다. P&G에는 경력사원이 없다. 신입사원을 고집하기 때문이다. 가장 우수한 인재를 뽑기 위해 복잡한 과정을 거친다. 일단 뽑은 사원에게는 최고의 자리까지 오를 수 있는 비전이 있다. 둘째, 리더십이다. P&G 직원 모두는 리더로서 자신이 어디로 가야 하는지, 무엇을 해야 하는지에 대해 확실히 알고 있다. 셋째, 주인의식이다. 모든 직원은 주인의식에서 고객을 대한다. 넷째, 정직이다. P&G의 모든 직원은 정직이 최고의 정책임을 알고 실천한다. 다섯째, 승리에 대한 열정이다. P&G의 모든 직원은 시장에서 이기고자 하는 열정이 있다. 여섯째, 서로 간의 믿음이다. 신뢰를 바탕으로 일할 때 그 효과는 더욱 커진다.

한국 P&G 역시 신입사원을 뽑을 때 '3E'에 대한 점검을 철저히 한다. 이는 핵심가치를 실현하기 위한 과정으로 비전을 갖고 있는가(Envision), 비전을 이루기 위해 동료들의 참여를 얼마나 이끌어내는가(Energizing), 조직 내 구성원들의 능력 발휘를 얼마나 이끌어내는가(Enable)이다.

P&G는 우수한 인재만이 소비자의 삶의 질을 향상시키는 최상의 품질과 가치를 지닌 상품을 제공한다는 회사의 비전을 실천할 수 있다는 확신을 가지고 있다. 이를 위해 P&G는 이미 90년대 초반에 주5일 근무제를 도입해 직원들의 복지에 힘을 썼다. 또한 자율복장제, 영업사원 재택근무제, 종업원 심리상담 프로그램 등으로 직원들의 사기를 북돋

왔고 이는 고스란히 회사의 경쟁력으로 돌아오고 있다. 특히 여성들이 출장을 갈 때에는 육아보조비 지원, 유연한 근무시간 보장, 자유로운 육아휴직 등을 실시하여 장기근속을 돕고 있다. 이와 더불어 정말 눈여겨 볼 만한 P&G의 독특한 프로그램이 있다. IMF때는 물론이고 이러저러한 사정으로 직원들이 P&G를 떠나게 될 때 회사는 떠나는 직원에게 재취업을 알선하고 있다.

  호텔제국 메리어트의 비전은 '어디를 가도 편안히 머무를 수 있는 집과 같은 안락함을 제공한다.' 는 것이다. 메리어트 호텔은 1927년 메리어트 1세와 휴 콜턴이 함께 시작한 루트비어라는 조그만 식당에서 출발했다. 메리어트 인터내셔널은 미국을 비롯한 전세계 58개국에서 2200개가 넘는 호텔과 리조트를 운영하고 있는 세계 최대의 호텔이다. 호텔 체인은 물론 리조트, 회원제 숙박시설, 수십 개에 달하는 실버타운 그리고 식음료 및 유통 서비스를 제공하는 글로벌한 기업으로 성장했다. 메리어트는 미국기업 중에서 13번째로 많은 직원들을 고용하고 있으며 세계적으로 약 23만 명의 직원들을 고용하고 있다. 메리어트는 '미국 군대를 빼고는 세계에서 가장 많은 식사와 잠자리를 제공하는 조직' 이라는 별명을 가지고 있다.
  메리어트 호텔의 성장과 성공 배경에는 루터비어 간이식당 시절부터 변치 않는 기본정신이 살아 있기 때문이다. '집으로부터 멀리 떠나 있는 동안 호의를 가진 친구들 속에서 소중한 존재로 잘 대접 받으며 만족함을 느끼게 하는 것.' 이것은 곧 고객에게 최대의 안락함을 주는 것이다. 메리어트는 창업 이래 단 한 번도 기본정신이며 비전을 잊지 않고 있다.

메리어트는 서비스 정신을 구현하기 위해 우선 직원들을 만족시키는 일에 투자했다. 직원들이 만족하면 그 직원이 고객들을 만족시켜줄 거라는 단순한 믿음을 가지고 직원들을 먼저 만족시켰다. 메리어트는 회사에 대한 만족도가 매우 높은 일터가 되었으며, 자연히 가장 일하고 싶은 회사로 손꼽히고 있다. 《메리어트의 서비스 정신》이라는 책에는 메리어트가 성공한 비법들이 숨어 있다. 철저한 현장 중심 경영, 세심한 관리와 시스템적 경영, 직원을 먼저 생각하는 정책, 경청하는 자세, 변화 속에서도 근본 질서를 유지하는 전략, 또 질서 속에서도 변화를 추구하는 전략 등 다양하다.

 **링컨의 경영노트**

비전은 삶과 꿈을 일치시키는 힘이다.

링컨은 비주류의 인생을 살았어도 주류에 속한 경쟁자보다 성공할 수 있었다. 인간 보편성에 바탕을 둔 비전에 충실했기 때문이다. 그는 수많은 실패와 반대에 직면해서도 자신의 목표를 잃지 않았다. 민주주의라는 확고한 비전은 링컨을 누구보다 강하게 만들었다.

원칙은 타협하지 마라

"나는 승리가 아니라 진리를 지키기 위해 싸운다."

위대한 리더는 달성하고자 하는 명확한 목표를 가지고 있다. 아무리 능력 있는 리더라 해도 그를 따르는 팔로워가 없다면 그는 이미 리더가 아니다. 또한 훌륭한 리더가 있고 그를 따르는 팔로워가 있다 해도 그들이 추구해야 할 목표가 없고 불분명하다면 거기에는 리더십이 작용하지 않는다.

목표는 명료해야 한다. 추구하는 목표가 무엇인지 팔로워가 쉽게 이해하고 그것에 대해 리더와 같은 마음으로 추구할 때 리더십이 작용하는 것이다. 목표는 명백한 것이어야 하며 다른 사람에게, 나아가 조직에게 공유될 수 있는 공동의 것이어야 한다.

리더십에서 자신만을 위한 목표설정과 추구는 논의의 대상조차 될 수 없다. 리더십은 리더와 팔로워가 공동의 목표를 달성하기 위해 상호

관계를 유지하며 이루어가는 기술이다.

링컨 대통령은 이루고자 하는 명확한 목표를 가지고 있었다. 대통령으로서의 링컨의 목표는 취임사와 다른 중요한 연설에서 구체화되어 있다. 그것은 명료했으며 팔로워와 같이 추구해야 할 공동의 목표였다.

그 목표는 그가 밝혔듯이 '헌법보다 훨씬 오래된 것'이었다. 링컨은 1861년 1차 취임사에서 연방은 법적으로는 물론 역사적으로 영원하리라고 믿어 의심치 않았다. 연방은 헌법이 만들어지기 전 1774년의 동맹규약(Articles of Association)에서 형성되었고, 1776년 독립선언과 1778년의 연합규약(Articles of Confederation)으로 강화되었으며, 1788년 헌법의 목적은 '보다 완전한 연방을 형성하기 위한 것'으로 규정하였다.

바로 '연방보존'이었다. 링컨은 오랫동안 미국인들을 결집시켜왔던 두 가지 근본 가치인 자유와 평등을 지속적으로 추구할 것을 강조하고 또 강조해왔다. 그는 "독립선언서에서 구체화된 내용과 배치되는 생각은 정치적으로 단 한 번도 한 적이 없다."라고 말했다.

그러므로 링컨에게 연방분리는 '독립선언서'와 '연방헌법'을 부정하는 것과 같았다. 연방의 연속성은 법적·역사적으로 보장된 것이었다.

1861년 3월 4일 대통령에 취임할 때 이미 남부의 7개 주가 연방을 탈퇴하였고 다른 4개 주도 연방정부에 위협을 가하고 있었다. 이러한 위협은 링컨에게는 물론 미국이라는 국가 자체에 대한 위협이었다. 그러나 링컨의 태도는 분명했다.

어느 주도 자체적인 단순한 절차만으로 연방으로부터 합법적으로 탈퇴할 수 없습니다. 연방에서 탈퇴하는 일을 행하겠다는 결의와 포고는 법적으로 무효입니다. 그리고 미합중국의 권위에 반대하여 어느 주나 주들 사이에서 일어나는 폭력행위는 경우에 따라서는 폭동이며 반란입니다. 물리적으로도 우리는 분리될 수 없습니다. 우리는 서로에게서 각각의 지역을 없앨 수도 없으며 그들 사이에 통과할 수 없는 벽을 쌓을 수도 없습니다.

전쟁이 시작되지 않았을 당시 링컨은 최선을 다해 전쟁을 피하려고 노력했다. 전쟁이 코앞에 닥친 상황에서 어떻게 하면 전쟁을 피하고 연방을 보존할 수 있는가 하는 문제가 대통령 링컨의 최대 목표이자 역사적 사명이었다.

그는 남부와 북부가 서로에게 폐쇄적이 아니라 개방하기를, 적이 아니라 친구이기를 원했다. 링컨은 취임사 마지막에서 "우리는 적이 아닙니다. 우리는 적이 되어서도 안 됩니다. 감정이 격해져 있지만 이것이 우리의 끈끈한 유대관계를 깨어서는 안 됩니다."라고 호소했다.

그러나 전쟁은 일어났고 링컨은 평소의 신념에 따라 전쟁의 최대 목표를 건국 아버지들의 유산인 연방보존으로 삼았다. 연방보존을 위해서는 전쟁에서 승리를 해야 했다. 링컨의 목표는 전쟁승리를 통한 연방보존이었다.

링컨은 1862년 7월 노예해방선언의 초안을 장관들에게 보였지만 그

때까지만 해도 노예해방을 이 전쟁의 근본적인 목표로 삼지 않았다. 그는 1862년 8월에 호레이스 그릴리에게 "이 전쟁의 최대 목표는 연방을 구원하는 것입니다. 이것은 노예제도를 유지하거나 파괴하는 것이 아닙니다."라는 편지를 썼다.

링컨은 남부의 연방탈퇴를 인정하지 않았다. 그것을 반란으로 규정했다. 링컨은 남부동맹이 주장하는 북부에서 분리된 또 다른 국가를 인정하지 않았다. 링컨에게 있어 연방탈퇴는 반란에 불과했고 그들과의 전쟁이 아니라 반란세력을 진압한다는 개념이었다.

대통령이 되면서 링컨의 목표는 연방보존이었다. 반란세력을 진압하려면 전쟁을 통해서라도 연방을 수호하는 것이 링컨의 최대 목표였다. 이는 링컨의 목표였을 뿐만 아니라 그를 따르는 국민들과의 공동목표였다.

 링컨의 경영노트

원칙은 타협하지 마라.

개인이나 기업에게 원칙은 매우 중요하다. 원칙을 어떻게 고수하느냐에 따라 신뢰의 수준이 결정되기 때문이다. 약간의 타협에도 원칙은 큰 손상을 입고 신뢰는 바닥으로 떨어진다. 가정이나 기업에서 신뢰를 얻지 못하면, 그 존재가치도 사라지게 된다.

●○○
자유는 인간의 진리다

"나는 노예가 되고 싶지 않다.
그러므로 노예를 부리는 사람도 되고 싶지 않다."

어떤 사람들은 노예제도에 대한 링컨의 태도를 문제 삼지만, 링컨에게 있어서 노예제도 자체는 분명히 악이었고 폐지되어야 할 것이었다. 링컨의 친구이자 장군이었던 워드 라몬이 노예제도 찬성론자들이 링컨의 노예제도 반대 입장을 문제 삼을 것이라고 했다. 그에 대한 링컨의 답은 간단했다.

> 나는 흥분한 대중들은 겁나지 않습니다. 나는 인간을 사고파는 노예제도가 비열하고 저속하다고 솔직하게 밝히는 데 조금도 주저하지 않을 것입니다.

링컨이 초기에 노예제도 폐지를 전쟁의 목표로 삼지 않은 것은 아직 노예제도를 유지하고 있는 경계주들을 고려해서였다.

연방보존이 최대의 목표였던 링컨을 아주 곤혹스럽게 만든 것은 노예해방을 주창하는 북부사람들과 노예를 소유하고 있으면서 아직 탈퇴하지 않은 남부사람들을 동시에 만족시켜야 하는 일이었다. 특히 주변의 4개 주(메릴랜드, 델라웨어, 켄터키, 미주리) 중 어느 하나가 연방을 탈퇴하고 남부동맹에 가입할지 모르는 상황에서 링컨은 불안할 수밖에 없었다.

따라서 링컨이 대통령 초기에 노예제도를 적극적으로 반대하지 않았고 오히려 찬성했다고 하는 비판이 있었지만 이는 링컨의 전략으로 보는 것이 타당할 것이다. 노예제도는 악이며 근본적으로 없어져야 할 제도로 보고 노예해방을 선언한 링컨의 입장은 변하지 않았고 결국 연방도 보존되었기 때문이다.

링컨은 대통령이 되기 이전이나 이후에 언제나 이렇게 말했다.

만약 노예제도가 잘못된 것이 아니라면 그 어떤 것도 잘못된 것이 없습니다.

링컨은 인간은 평등하다는 철학은 분명히 가지고 있었지만 당시 미국의 현실에서 흑인과 백인은 결코 동등하지 않았다. 그래서 링컨은 노예해방을 서두르지 않았고 점진적인 폐지에 힘을 쏟았다.

실제로 링컨은 때를 기다렸다. 그는 1862년 9월 22일 노예해방령을 발표한 데 이어 그해 12월 1일에는 노예해방에 따르는 보상을 요구하는 교서를 의회에 보냈다. 링컨은 연방군의 승리가 확실해진 1865년 2월 1일에 가서야 비로소 전국적으로 노예제도를 폐지하는 수정헌법 13조에 서명했다.

링컨의 생각과는 달리 전쟁이 장기적인 교착상태에 빠져들자 전략적으로 목표를 약간 수정해야 할 때가 왔다고 생각했다.

링컨은 그동안 꼼꼼히 준비한 노예해방령에 대한 초안을 이미 두 달 전에 장관들에게 보였다. 하지만 시워드 국무장관이 적절한 시기를 노려 효율성을 높여야 한다고 건의하자 이를 받아들여 적절한 발표 기회를 엿보았다.

드디어 링컨이 생각한 때가 왔다. 연방군이 남북동맹에 큰 승리를 거둔 앤티텀 전투 후 1862년 9월 22일에 내각회의에서 이를 공식발표하였다. 이것은 1863년 1월 1일 세계에 선언될 것이었다.

이 반란을 진압하기 위해 적합하고 필요한 전쟁조치로⋯ 현재 미합중국에 대하여 반란상태에 있는 주의 지역 내에서 노예로 있는 모든 사람은 이제부터 자유의 몸이라고 명령하고 선언합니다⋯ 적합한 조건을 가진 사람은 미국 군대에 편입되어⋯ 나는 이 행동(노예해방선언)이 헌법이 보장하며 군사상 필요한 것으로 정당하다고 믿어 의심치 않습니다.

링컨은 연방보존과 전쟁에서의 승리라는 목표에 입각해 노예제도 폐지를 선언했다. 말하자면 링컨은 연방보존과 전쟁승리라는 당초 목표에 이제 노예해방을 추가하였다.

링컨에게 노예해방은 본래의 목표 달성에 일찍 도달하는 결과를 낳았다. 전면적인 노예해방을 하지 않고 군사상의 필요에 의해서 노예해방을 한정한 것은 해방된 흑인의 연방군대 참전이라는 링컨의 목표달성을 위한 훌륭한 전략이었다.

노예해방이 남부의 노동력을 분열시키고 그 노동력의 일부를 북부의 군사력으로 편입시키는 결과를 가져와 남부동맹은 큰 타격을 입게 되었다. 링컨을 연구한 제임스 맥퍼슨은 이렇게 분석했다.

> 해방된 노예로 구성된 북부군은 궁극적으로 남부의 악몽이었다. 이전의 주인과 싸워 그들을 죽인 흑인 군인들은 링컨의 노예해방 정책을 가장 획기적으로 변화시켰다.

노예해방선언은 연방정부에게 또 다른 면에 있어 정당성을 가져다주었다. 그것은 외교적인 문제였다. 노예해방선언으로 북부연방은 영국을 비롯한 대유럽 외교에 있어 '정의로운 북부'로 다가갈 수 있었고, 그간 문제가 되었던 도망온 노예들의 처리 문제에 대한 해결책을 마련해주었다.

1863년 말경에 연방군대에는 해방된 흑인이 약 10만 명 이상 복무하고 있었다. 링컨은 1863년 8월에 일리노이 주 스프링필드의 시장인 제임스 콩클링에게 보낸 편지에서 자신의 의견을 이렇게 적고 있다.

> 나는 지금까지 우리가 승리한 중요한 전투 중에서 노예해방정책으로 흑인들이 참전한 전투가 반란세력을 다루는 가장 성공적인 결과를 낳았다고 생각합니다.

링컨에게 있어 노예해방은 단순한 전략적인 차원을 넘어 결과적으로 전쟁의 새로운 목표가 되었던 것이다.

남북전쟁은 링컨의 대중적 입지를 강화시키고 대통령의 권한을 확대시키는 결과를 낳았다. 그뿐 아니라 전쟁은 링컨에게 연방과 노예제도는 양립할 수 없으며, 본래부터 이 나라는 모든 인간은 법 앞에 평등하다는 원리 위에 세워졌다는 사실을 국민들에게 설득하는 기회를 제공했다.

1863년 11월 19일 게티즈버그 연설에서 링컨은 의도적으로 헌법을 인용하지 않고 독립선언서를 언급하였다.

> 지금으로부터 87년 전 우리의 조상들은 이 대륙에 자유를 신봉하고 모든 사람은 평등하게 창조되었다는 명제에 헌신하는 새로운 국민을 창조했습니다. 지금 우리는 그렇게 신봉하고 헌신하는 국민이 오랫동안 지속할 수 있는가를 실험하는 전쟁 속에 있습니다… 하느님의 사랑 아래

우리 국민은 자유를 새롭게 탄생시켜야 합니다. 그리고 국민의 국민에 의한 국민을 위한 정치가 지구상에서 사라지지 않도록 해야 합니다.

링컨은 국민들을 설득하기 위해 엄격히 말해 헌법을 위반하고서라도 노예해방의 정당성을 부여하고자 했다.

272자로 구성된 이 신중한 연설문을 통해 링컨은 종래 목표였던 연방보존에 새로운 자유와 평등의 원리를 확대시켰다. 여기에서 언급한 '국민'은 흑인과 백인이 포함된 개념이었다. 이것은 인간평등 실현이라는 숭고한 목표가 이루어졌음을 선언하는 순간이었다. 이것은 국민들에게 미래 비전을 제시하는 것이었다.

노예해방 역시 링컨의 또 다른 목표였을 뿐만 아니라 그를 따르는 사람들과의 공동 목표였다.

목적의식이 위기돌파의 힘

"그랜트 장군의 위대한 점은 침착하면서도 목표에 집요하게 매달린다는 점이다. 그는 쉽게 흥분하지 않으면서도 불독같이 용맹스럽고 끈질기다. 그의 이빨에 한 번 물리면 그 누구도 끄집어낼 수가 없다."

리더십에서 리더가 목표와 비전을 세우고 이를 팔로워와 공유해 함께 일하도록 설득하는 것은 너무나 중요하다. 목표를 통해 팔로워가 동기를 부여받고 목표 달성을 위해 자신의 재능과 에너지를 집중하게 된다.

연방을 보존하고, 이를 위해 불가피하게 전쟁을 선택하지 않을 수가 없었으며, 전쟁의 승리를 위해 처음에는 군사적인 목적에 따라 노예해방령을 발표했지만 궁극적으로 자유와 평등의 원리를 보장하려 한 목표는 링컨 개인의 것이 아니라 팔로워와의 공동 목표였다.

대통령직을 연임하게 되었을 무렵, 머지않아 전쟁이 끝나리라는 것이 확실해진 가운데 링컨은 또 한 번의 숭고한 목표와 비전을 국민들에게 알렸다. 링컨은 서로 용서하고 사랑하고 평화를 이루기를 원했다.

링컨은 연방을 보존하고 전쟁을 성공적으로 수행하는 목표를 달성하기 위해 대통령으로서의 모든 방법을 강구했다. 링컨은 섬터 요새 전투 이후 군대동원령을 내렸으며, 버지니아와 텍사스를 봉쇄하는 선전포고문을 발표했고, 나아가 인신보호영장청구권 중지까지 선포했다.

이에 대법원장 로즈 태니는 오직 의회만이 인신보호영장을 일시중지할 수 있다고 주장하면서 링컨을 비난했다. 심지어 링컨을 '독재자', '전제군주'로 표현했다.

하지만 목표달성을 위한 링컨의 노력은 단호했다. 자신에 대한 이러한 비난에 대해 링컨은 다음과 같이 일축했다.

> 국가를 잃으면서 헌법을 지키는 것이 가능합니까? 상식적으로는 생명과 팔다리는 보호되어야 합니다. 그런데 종종 생명을 구하기 위해 팔다리를 절단해야 될 때가 있습니다. 이와 달리 팔다리를 구하기 위해 생명을 버리는 행위는 현명하다고 생각지 않습니다. 나는 생명을 구하기 위해 팔다리를 절단하는 행위가 국가를 보존하여 헌법을 지키는 데 절대적으로 필요한 것이 되게 함으로써 이는 헌법에 위배되는 것이 아니라 합법화될 수 있다고 생각합니다.

목표달성을 위한 링컨의 열정은 누구보다도 강했다. 링컨과 변호사

사무실을 운영했던 윌리엄 헌든은 이렇게 썼다.

> 그는 항상 앞서서 예상을 했고 미리 계획을 세웠다. 그의 야망은 마치 휴식을 모르는 작은 엔진과도 같았다.

상점운영, 우체국장, 측량기사, 변호사, 정치가 그리고 대통령이 되면서 링컨은 한결같이 헌든이 말한 작은 엔진을 달고 다녔다. 대통령이라는 목표달성을 위해 링컨은 수차례에 걸친 실패와 좌절을 맛보았지만 결코 이에 굴하지 않았다.

1858년 상원의원 선거에서 스티븐 더글러스에게 패한 뒤 친구인 알렉산더 심슨에게 이렇게 말했다.

> 나는 궁극적으로 우리가 이길 수 있다는 확실한 믿음이 있습니다. 리더의 목표는 단계적으로 이루어집니다. 사람들은 그것이 너무나 평범해서 목표가 이루어지는 것을 기다리지 못합니다…나는 죽지도 않았고 죽어가지도 않습니다.

우리는 링컨이 사람들에게 자주 이야기했던 내용에서 그가 목표를 이루고자 하는 열정이 얼마나 강했나를 이해할 수 있다.

> 자기보다 덩치가 큰 개를 제압하는 작은 개가 있었는데 이 개가 다른 개를 이기는 이유는 단순합니다. 다른 개들은 싸우기를 망설이는데 그 작

은 개는 곧바로 미친 듯이 싸우기 시작하기 때문입니다.

링컨은 전쟁을 수행하면서 자주 장군들과 내각 인사들에게 이 이야기를 해주었다고 한다. 즉각 전투에 임하지 않은 머클레란을 비롯한 여러 장군들에게 링컨은 단호한 모습을 보였다. 모든 장군에게 링컨은 "머뭇거리면 결과는 파멸입니다."라는 메시지를 전했다.

리더는 목표를 세우고 팔로워가 그 목표를 적극적으로 추진할 수 있도록 동기를 부여하고 그들을 설득하는 것이 지상과제다. 링컨은 바로 그런 리더였다. 또한 링컨은 자신이 제시한 목표를 성공적으로 수행할 수 있는 인재를 발굴하는 데 열정을 다했다.

내각을 구성할 때 링컨의 제1원칙은 목표달성에 적합한 인재냐 아니냐였다. 따라서 링컨에겐 과거의 적도 문제가 되지 않았다.

그는 대통령 예비선거에서 최대 라이벌이었던 시워드를 국무장관에 임명했다. 변호사 시절 자신을 '수준 이하', '기린같이 키만 큰 촌뜨기'라고 놀렸던 스탠턴을 전쟁장관에 임명했다. 링컨의 인사 임명기준은 그 직책에 가장 적합한 인물이냐 아니냐가 전부였다. 또 사사건건 반대를 하고 다음번 대통령 선거에 출마하겠다고 큰소리를 치는 체이스를 재무장관에 임명했다.

링컨은 전쟁을 승리로 이끌 수 있는 장군을 찾기 위해서도 끊임없이 노력을 기울였다. 링컨에게 연공서열은 무의미했다. 자신을 무시했건 권위에 도전했건 전혀 문제가 되지 않았다. 링컨에겐 오로지 전쟁을 승리로 이끌 장군이 필요했다.

스콧에서 시작하여 그랜트를 찾기까지 여러 명의 장군을 해임하고 임명한 것을 보더라도 링컨이 얼마나 목표달성에 진력했는지 이해할 수 있다. 스콧, 어빈 맥도웰, 존 프리몬트, 매클레란, 헨리 할렉, 존 매클러낸드, 윌리엄 로즈크랜스, 앰브로즈 번사이드, 나다니엘 뱅크스, 율리시즈 그랜트, 조셉 후커, 조지 미드. 이들은 모두 링컨이 목표를 이루기 위해 열정을 쏟으며 찾아낸 장군들이다.

성공하는 리더십에는 목표에 집중하는 능력 또한 필요하다. 링컨은 전쟁에서의 승리를 통해 연방을 보존하는 궁극적인 목표를 위해 매 단계별로 집중했다. 그는 자주 사람들에게 이렇게 말했다.

"발걸음을 뗄 때마다 가장 중요한 목표에 충실해야 합니다."

전쟁 초기에는 참으로 형편없었던 연방군을 재건하고, 남부의 항구와 미시시피 강을 장악하는 데 집중했다.

전쟁이 계속되자 그는 남부동맹의 수도인 리치몬드를 공략의 목표로 삼지 않고 남군 사령관 리 장군에게 집중했다. 1863년 6월 후커 장군이 리치몬드로 진격하겠다고 하자 링컨은 이렇게 대답했다.

"장군의 진정한 목표는 리치몬드가 아니라 리 장군입니다."

링컨은 목표달성을 위한 핵심이 무엇인지를 알았고 언제나 그것에 집중했다.

전쟁이 끝날 무렵 링컨은 전후 평화로운 미국의 재건에 집중했다. 승리를 했다고 자만하지 않았다. 그것은 패배한 사람들에게 더 큰 상처를 주지 않으려는 애정어린 노력이었다.

그 누구에게도 악의를 가지고 대하지 맙시다. 모든 사람을 사랑합시다.

링컨의 두 번째 취임사는 전쟁 후 미국의 비전을 제시한 것이다.

링컨에게는 명확한 목표와 비전이 있었다. 미국을 수호하겠다는 목표는 독립선언서와 헌법 정신을 부활시킴으로써 국민들에게 자긍심과 애국심을 다시 심어주는 계기가 되었다.

노예제도에 대한 기나긴 투쟁이 전쟁을 통해 종지부를 찍은 셈이다.

그리고 서로를 용서하고 새로운 미국을 건설하자는 비전 제시는 국민들을 또다시 발전적인 성장을 할 수 있다는 용기를 주었다.

링컨은 공동의 목표인 '연방보존'과 '노예해방'을 실현시켰다. 그리고 링컨은 이를 통한 결과 역시 공유하는 리더십을 보여주었다.

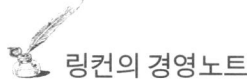 링컨의 경영노트

리더를 리더답게 만드는 것은 목적에 대한 집중력이다.

사람들을 이끌기 위해서는 나침반처럼 늘 정북을 가리켜야 한다. 목적을 잃고 우왕좌왕하는 리더를 따르는 사람은 아무도 없다. 언제나 조직의 목표에 대한 집중력을 잃지 않고 한결같은 방향으로 사람들을 이끄는 것이 진정한 리더다.

Chapter 5

회의와 부정의 벽을 허물고

마음을 여는 것이 변화의 시작

"뿔뿔이 흩어진 집안은 살아갈 수 없다. 나는 연방이 해체되거나 집안이 뿔뿔이 흩어지는 것을 바라지 않는다."

링컨 리더십의 핵심에는 정직이 자리하고 있다. 정직은 진실이며 진실은 비밀, 거짓, 차별 같은 폐쇄성과 양립할 수 없다.

아무리 뛰어난 능력을 가졌다 해도 혼자서 성취할 수 있는 일은 아무것도 없다. 진정한 리더십을 발휘하는 리더는 팔로워와 협력을 통해 목표를 달성하고 그 결과를 공유하는 사람이다.

리더십을 제외한 다른 분야에서의 협력은 단순한 물리적 결합을 의미하지만 리더십에서는 단순히 힘을 합치는 그 이상이다. 리더십에서 협력은 벽과 칸막이를 없애는 변화로부터 가능하다.

링컨, 알렉산더, 칭기즈칸, 워싱턴, 프랭클린 루스벨트, 간디 등 역사적으로 위대한 리더들은 벽과 칸막이를 세우지 않았다.

오늘날 잭 웰치, 존 맥스웰, 스티븐 코비, 짐 콜린스 등 최고의 리더십 전문가들 역시 위대한 리더의 조건으로 벽과 칸막이 없는 활짝 열린 협력을 강조하고 있다.

벽과 칸막이는 링컨과 어울리지 않는다. 그에게는 혈연, 학연, 지연으로 생겨나는 벽이 없었다. 그에게는 워싱턴 정가에 존재하고 있던 기존 권력의 벽도 없었다.

어느 조직이든지 스스로 리더라고 생각하는 사람에게는 단순한 벽일지 모르지만 팔로워에게는 만리장성보다 더 높은 절벽이 될 수 있는 것이다. 링컨은 다른 사람과의 관계를 형성할 때 바로 이 점을 알고 있었다.

개방적인 협력은 링컨 리더십의 핵심이다. 대통령 첫 번째 취임사 마지막 부분에서 링컨은 "나는 폐쇄적인 것을 몹시도 싫어합니다."라고 힘주어 말했다. 이는 북부와 남부로 나뉘고, 노예제도 찬성론자와 반대론자로 나뉘어 끼리끼리 집단을 형성하는 것에 대한 위험을 경고한 것이었다.

링컨은 게티즈버그 연설에서 "국민의, 국민의 의한, 국민을 위한 정치가 지구상에서 사라지지 않도록 해야 한다."라고 호소했다. 여기에서 링컨이 말하는 국민은 단순히 북부에 속해 있는 사람만을 의미하지 않는다. 링컨이 말하는 국민은 단순히 백인들만을 의디하지 않는다. 북부와 남부 사람 모두를 포함하고 백인이건 흑인이건 모든 사람을 의미했다.

그리고 재임 취임식에서도 링컨은 "누구에게도 악의를 가지고 대하지 맙시다."라고 하면서 벽과 칸막이가 없는 개방된 협력의 대원칙을 제시했다.

대통령이 되면서 링컨이 가장 먼저 한 일은 백악관 개방정책이었다. 백악관 집무실에는 아침부터 저녁까지 방문객이 들끓었다. 대통령에 취임한 날 다음부터 방문객들이 어찌나 많았는지 백악관 정문 층계까지 사람들이 줄을 지어 앉아 있었다.

〈세크라멘토 유니언〉은 당시 백악관 풍경에 대해 이렇게 썼다.

사람들의 출입을 막을 사람은 아무도 없다. 씻은 사람이나 씻지 않은 사람이나 할 것 없이 누구나 항상 자유롭게 왕래한다.

사실 링컨은 능력이 허락하는 한 많은 사람들과 만났다. 백악관 1층 전체는 일반 대중에게 완전히 공개되었다. 2층도 절반 정도는 일반에게 공개되어 링컨의 가족들이 쓰기에도 비좁을 정도였다.

링컨은 일이 아무리 바쁘더라도 자신을 찾아오는 사람들을 만나려 했다. 비서인 존 니콜라이와 존 헤이는 "대통령이 자기 시간의 75퍼센트를 사람들을 만나는 데 썼다."라고 회고했다. 니콜라이와 헤이가 방문객들에게 대통령께서 바쁘시니 다음에 와달라고 하면 오히려 링컨이 직접 집무실 문을 열고 나와 그들을 반겼다.

경호문제로 대통령과 여러 차례 갈등도 빚었다. 그럴 때마다 링컨은 "내가 아무런 두려움 없이 국민들에게 다가간다는 것을 그들이 아는 것은 너무나 중요한 일."이라고 근접 경호를 물리쳤다. 심지어 어떤 때에는 직접 경호원을 따돌리기까지 했다.

링컨은 팔로워가 리더에게 쉽게 다가가면 그들이 리더를 보다 긍정적이고 두터운 신뢰를 가지고 따르게 된다는 사실을 알고 있었다.

그래서 링컨은 자신과 국민 사이를 바짝 당기려 한 것이다. 1863년 인디애나 주에 살고 있는 한 남자가 "사람들이 찾아오면 귀찮지 않느냐."고 편지를 보내왔다. 이에 링컨은 "나를 찾아오는 사람과의 만남을 거절하는 경우는 거의 없습니다. 만약 당신이 나를 찾아오면 당신을 만날 것입니다."라는 답장을 보냈다.

팔로워가 리더에게 다가가는 데 벽과 칸막이가 있다면 이미 그 조직에는 진정한 리더십이 존재하지 않는다.

우리 사회에는 리더에게 다가가기 힘든 벽이 있고 칸막이가 있어 팔로워가 영향을 받는 경우가 너무나 많다. 분명히 말하지만 이는 리더십이 아니다. 벽과 칸막이가 있는 상황에서 나타나는 영향력은 '강압'이나 '실리' 둘 다거나 둘 중 하나다. 바로 인사문제와 돈문제가 얽힌 엉터리 리더십이다.

링컨에게는 그 누구나 다가갈 수 있었다. 그것은 링컨이 거의 본능적으로 벽과 칸막이를 싫어한 것도 있지만 이는 생활 속에서 벽과 칸막이를 없애려고 끊임없이 노력한 결과다.

한마디로 링컨은 통합의 리더였다. 그는 탈퇴한 주들을 다시 연방으로 통합시켰다. 그는 흑인과 백인을 갈라놓은 전통을 하느님 아래 평등한 인간이라는 이념으로 통합시켰다. 그는 지역을 통합시켰으며 인간 평등을 구현했다.

링컨의 벽과 칸막이를 없애는 정책은 오늘날 기업경영에서도 필수적이다. GE의 경영의 귀재 잭 웰치는 조직의 혁신을 위해 엔지니어링, 생산, 마케팅 등 기능들 간의 자유로운 의사소통을 가로막는 어떠한 장애물도 제거하고자 했다. 이른바 '벽 없는 조직'을 만들고자 했다. 그것은 국내, 해외 영업의 구분이 무의미하며 부다페스트에서건 서울에서건 편안하게 일할 수 있어서 지역 간의 벽이 전혀 존재하지 않는 조직을 의미한다. GE는 회사 발전에 기여한 회기적인 아이디어에 대해서는 충분히 보상을 했다. 아이디어를 독점하기보다는 팀원들과 언제나 공유했다. 또 외부의 아이디어에 대해서도 열려 있는 태도를 취했다. 모든 구성원에게 '매일 더 나은 방법 찾기'라는 목표를 주고는 구성원들을 참여시켰다. 잭 웰치에게 누군가가 "가장 잘한 일이 뭐냐." 물었다. 그는 주저없이 GE의 리더십 사관학교인 크린톤빌을 만든 것이라고 하였다. 크린톤빌을 통해 GE의 모든 아이디어가 공유되었고, 벽 없는 토론 속에 창조적인 아이디어가 쏟아져나왔다. 이는 GE의 '지속가능한 성장'의 원동력이다.

삼성전자는 어떻게 세계적인 기업으로 성장했을까? 여러 가지 이유가 있겠지만 무엇보다도 삼성전자가 벽과 칸막이가 없는 조직이라는 것이다. 삼성전자의 가치혁신 프로그램센터는 벽과 칸막이를 없애고 구성원 간의 커뮤니케이션을 활성화하기 위한 곳이다. 이 센터는 회사의 부서와 상관없이 전문가들이 모여서 일하는 곳이다. 부서뿐 아니라 직위체계도 뛰어넘고 있다. 경제지 〈포춘〉은 '삼성이 소니를 이기는 데는 이 센터가 큰 역할을 하고 있다.'고 썼다.

　3M은 컴퓨터 문화의 발전과 더불어 급성장했다. 컴퓨터 사용이 늘면서 종이가 필요치 않을 것 같았지만 오히려 간단한 메모나 책에서 정보를 찾고 표시를 하기 위해서는 다양한 메모지의 필요성이 더 커져갔다. 이에 3M은 불후의 명작 포스트잇을 탄생시켰다. 3M이 나오기 전에 탈부착이 자유로운 메모지가 없었던 것은 아니지만 포스트잇은 이 분야에 단연 돋보인다. 3M이 포스트잇을 개발한 것은 벽과 칸막이를 허문 커뮤니케이션을 기업문화의 본질로 삼았기 때문이다. 어떤 직원이 책에 표시를 하기 위한 쪽지를 찾았고 서로 벽이 없는 커뮤니케이션을 거쳐 포스트잇을 만들어냈다. 모든 사람은 다양하다는 점에 착안하여 3M은 다품종 소량(모양, 색 등)생산의 개념을 도입하여 많은 사람들에게 만족을 준다.

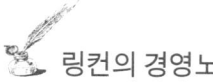 링컨의 경영노트

모든 진화와 진보는 열린 공간에서 일어난다.
　닫힌 세계는 온실이다. 온실에서 자란 화초가 야생의 비바람과 해충을 견딜 수 없듯이 사람이나 조직은 개방적이고 유연한 태도를 잃지 말아야 한다. 타인의 생각과 경험을 공유하지 않고서는, 변화하는 세계에 적응할 수 없다.

● ○ ○

사람을 구할 때, 현장에서

"노동을 소중히 여기자. 노동의 빛은 아름다운 것이다.
노동은 모든 덕의 원천이기 때문이다."

아무리 개방적인 리더라도 팔로워가 리더에게 다가가기는 쉽지 않다. 링컨은 이것을 알고 있었다. 그래서 링컨은 먼저 팔로워를 찾아갔다.

단순히 팔로워를 찾아가 악수만 하고 사진만 찍는 오늘날의 리더와는 달리 링컨은 그들의 노고에 고마움을 표시하고 칭찬을 아끼지 않았다. 그리고 그들에게 구체적인 목표를 다시 일깨워주었고 비전을 끊임없이 보여주었다.

리더로부터 직접 칭찬세례를 받은 팔로워는 얼마나 기쁘겠는가? 링컨은 팔로워를 직접 만나 칭찬을 하면 그들에게 에너지를 충전시킨다는 사실을 알고 있었다.

링컨의 벽이 없는 개방적 협력정책은 연방수호라는 목표를 달성하는 데 가장 중요한 세력인 군인들과의 관계에서 쉽게 찾아볼 수 있다.

링컨은 군인이 있는 곳이면 어디라도 직접 가서 그들을 만났다. 링컨은 요새, 해군 조선소, 야전병원, 장례식, 심지어 전투가 벌어지는 전장에서 군인들을 만나 악수를 하고 군대를 사열하면서 그들의 자긍심을 북돋워주었다. 군인들이 바로 대의를 위해 가장 애쓰는 사람들이었기 때문이다.

링컨은 전쟁터로 가기 위해 수도 워싱턴을 행군하는 군인들을 직접 만나 그들을 격려하고 용기를 주었다. 지나가는 군인들을 향해 그는 이렇게 소리쳤다.

"만약 여러분이 전쟁을 승리로 이끌 수 있다면 나도 할 수 있답니다."

그것은 군인들에게 무한한 용기와 자부심을 심어주었다.

〈뉴욕타임스〉는 "대통령은 병사들 개개인과 손을 잡고 진심에서 우러나는 악수를 하였고 군인들의 노고에 감사한다는 말을 했다."라고 보도했다. 대통령이 직접 병사들을 만나 격려를 해줌으로써 정부가 그들의 노고에 감사하고 있다는 것을 스스로 느끼게 해준 것이다.

리더십은 바로 이럴 때 발휘된 것이다. 팔로워는 리더가 자신을 알아줄 때 신바람이 난다. 마치 펄떡거리는 물고기처럼 힘이 넘친다.

링컨은 백악관 집무실에서 인해장벽에 둘러싸여 서명만 하는 그런 대통령이 아니었다. 링컨을 연구한 도널드 필립스는 링컨 리더십의 특징 중 가장 핵심적인 것이 그가 '집무실 밖으로 나와 현장에서 사람들을 만난 것' 이라고 설명했다.

링컨은 변호사 시절 많은 시간을 할애해 현장에서 직접 정보를 얻고자 노력했다. 특히 그는 순회재판을 하면서 현장을 방문하여 정보를 얻고 확인하는 습관이 생겨났다.

대통령은 되었지만 사실상 워싱턴 정가에서 아웃사이더였던 링컨은 더 많은 시간과 열정으로 직접 사람들을 만났다.

링컨은 현장에서 사람들을 만나는 데 있어 어떤 형식이나 규정에 집착하지 않았다. 그는 대통령으로 각료회의를 해군 조선소나 전쟁터에서 주재하기도 했다.

링컨은 장관들이 방문하기를 기다리지 않고 오히려 장관 개개인을 직접 찾아갔다. 링컨이 가장 자주 찾는 장관은 전쟁장관인 에드윈 스탠턴이었다. 링컨은 중요한 전투가 있을 때마다 스탠턴과 함께 전쟁부 전보실에서 많은 시간을 보냈는데 전쟁에 관한 정보를 빨리 접하여 대책을 신속히 내려주기 위해서였다.

링컨은 대통령이 된 후부터 죽을 때까지 백악관에 머물러 있지 않았다. 매월 평균 10여 일 이상을 현장에서 보냈다. 어떤 경우에는 무려 15일~18일까지 현장에 머물렀다. 예외가 있다면 1862년 2월 아들 윌리가 죽었을 때와 1864년 초와 말에 링컨이 아팠을 때였다.

자신이 직접 현장을 갈 수 없는 경우에 링컨은 믿을 만한 보좌관을 파견하여 정보를 수집했다.

섬터 요새가 포위되어 위기가 고조되는 가운데 국무장관 시워드와 최고사령관 스콧이 요새를 포기하자고 했다. 하지만 링컨은 판단을 하기 전에 더 정확하고 더 많은 정보가 필요했다. 그래서 그는 스티븐 헐버트를 현장에 파견했고 그의 의견에 따라 요새를 포기하지 않고 방어하기로 결정했다.

링컨은 가능한 한 많은 사람을 만나고 열린 인간관계를 유지하는 것을 '여론 목욕'이라 불렀다. 도널드 필립스는 "리더가 사람에게 다가가는 만큼 친근감을 주는 것은 없다. 리더가 팔로워의 생활공간에 들어가 그들과 얼굴을 마주 대한다면 그들은 열정을 가지고 협력할 것이다."라고 말했다.

링컨은 바로 이 점을 알고 실천했다. 대통령이 직접 다가가는 것만큼 국민에게 친근감과 믿음을 주는 것이 없음을 링컨은 알고 있었다. 그래서 링컨은 백악관을 개방하여 사람들을 만났으며 전쟁터를 비롯한 여러 현장을 찾아갔다.

링컨은 전쟁이 끝나는 그 순간에도 전쟁터에 있었다. 1865년 4월 9일, 링컨은 남부동맹의 수도 리치먼드에서 워싱턴으로 돌아오는 길에 로버트 리로부터 '무조건 항복'을 받았다는 보고를 받았다. 개방적이고 협력적인 링컨의 리더십이 가져온 승리였다.

그런 링컨도 의회와의 관계에 있어서는 마찰이 있었다. 특히 의회의 승인을 받지 않은 노예해방선언과 온건한 재건계획은 공화당 급진파들과 갈등을 일으켰다. 하지만 대부분의 일에 있어 링컨은 의회와 우호적인 관계를 유지하였다. 도널드 필립스는 이와 관련하여 다음과 같이 쓰고 있다.

　　링컨은 정기적으로 의회를 방문했다. 링컨은 지난 25년 동안 처음으로 정기의회가 열리는 동안 의회에 참석한 유일한 현직 대통령이었다. 링컨은 자신의 목표를 달성하기 위해서는 의원들의 도움이 필요하다는 것을 알고 있었다. 링컨은 그들의 진정한 지지를 얻어내는 더 좋은 방법이 무엇인지를 알고 있었다. 링컨은 의원들과 단순한 일 이상의 인간적인 친분관계를 유지하기 위해 노력했다…그러나 링컨은 의원들이 자신의 정책을 무조건 반대하거나 회기를 지연하고 활동을 하지 않을 때에는 그들과 마찰을 빚었다…하지만 대부분의 의원들은 연방을 수호하고자 하는 그의 노력을 인정했다.

리더로서의 링컨은 그 누구보다 자주 팔로워에게 다가갔다. 그래서 그는 사람들로부터 열정적인 협력을 얻을 수 있었고 전쟁에서 승리할 수 있었다.

어떤 리더들은 여러 가지 일 때문에 사람들에게 다가갈 수 없다고 말한다. 하지만 자신이 달성하고자 하는 목표를 성취하기 위해 팔로워와의 협력이 없이도 가능하리라 생각하는가.

● ○ ○

일보다 사람이 먼저

"만약 누군가를 설득하려 한다면 먼저 당신이
그의 진실한 친구라는 것을 알게 하라.
거기에 그의 마음을 사로잡는 한 방울의 꿀이 있다."

21세기가 시작되던 해에 짐 콜린스는 《좋은 기업을 넘어 위대한 기업으로》에서 위대한 기업이 되는 최고의 조건으로 '일보다 사람이 먼저'라는 슬로건을 내세웠다. 그는 사람만 제대로 되었다면 일은 자동으로 이루어진다고 말하고 있다.

조직의 성공을 위해서는 먼저 적합한 사람을 버스에 태우라.

링컨은 19세기에 이미 이것을 알고 있었고 실천했다. 미국 역사상 가장 어려운 시기에 대통령이 된 링컨은 일을 먼저 생각하지 않았다.

링컨은 누가 가장 적합한 사람인가에 관심을 집중했다.

링컨은 일단 적합한 사람이라고 판단되면 그를 놓치지 않았다. 대통령으로 있는 4년 동안 링컨은 버스에 태울 적합한 사람을 찾는 데 혼신의 힘을 기울였다. 특히 링컨은 전쟁을 승리로 이끌 사람을 찾는 데 전력을 다했다.

현재 적합한 사람이라면 그가 어떤 사람이었고 현재 어떤 견해를 가지고 있는가는 중요하지 않았다. 링컨에게 중요한 것은 그가 적합한 사람인가 아닌가 하는 것뿐이었다.

그래서 링컨의 핵심인재 중에는 자신을 비난했던 사람도 있었고 소속된 정당이 다른 경우도 있었다. 심지어 링컨을 무시하고 비아냥거리는 사람도 다수 있었다. 그뿐 아니라 링컨의 정책을 사사건건 반대하고 공공연하게 대통령 자리에 도전하겠다는 사람도 있었다.

당신은 자신을 비난하고, 무시하고, 비아냥거리고, 반대하는 사람을 핵심인재로 쓸 수 있겠는가? 아무리 그가 뛰어난 능력을 가진 인재라고 해도 이를 극복하고 그를 버스에 태울 수 있는 사람은 많지 않을 것이다.

그러나 링컨은 달랐다. 링컨을 바보라고 생각할 수도 있다. 하지만 링컨은 바보가 아니었다. 그는 적합한 사람을 확보하는 것이야말로 다른 모든 것보다 중요하다고 생각했다.

링컨은 일단 확보된 인재를 버스에 태우고 그들과 철저하게 개방적인 협력을 이루어 나갔다. 링컨이 적합한 사람으로 선택한 사람 중 누구보다도 중요한 인물은 윌리엄 시워드였다. 시워드는 1860년 공화당 대통령 경선에서 링컨의 최대 라이벌이었다. 시워드는 경선투표에서 처음에 링컨을 이겼지만 결국 링컨에게 패배했다.

링컨에 비해 학연, 지연, 혈연, 경력 등에서 유리한 배경을 가지고 있었던 시워드는 링컨에게 패배했다는 사실을 받아들이기 어려웠다. 시워드는 사실 링컨과 라이벌 관계에 있기 전부터 링컨을 무시했다. 더욱이 전혀 대통령감이 아니라고 생각한 링컨에게 패배한 후 시워드의 비난은 아주 노골적이었다.

하지만 링컨은 시워드야말로 위기에 처한 미국을 가장 잘 이끌 수 있는 핵심인재라고 생각했다. 그래서 링컨은 시워드에게 가서 국무장관직을 맡아달라고 공손히 부탁했다.

시워드는 링컨이 능력이 부족하기 때문에 자신에게 부탁한다고 여겼다. 국무장관에 임명된 후에도 시워드는 링컨이 국가를 책임질 수 있는 리더가 아니라고 생각했다. 그래서 그는 인사를 비롯한 여러 문제를 링컨에게 아무런 상의도 하지 않고 독자적으로 결정했다. 심지어 섬터 요새 문제에 대해서도 링컨의 의견은 전혀 고려하지 않고 남부에게 양보할 것이라는 의견을 내놓았다. 링컨이 제동을 걸자 링컨이 취임선서를 하기 전에 시워드는 사표를 냈다.

그러나 링컨은 다시 시워드의 집을 직접 찾아가 국가를 사랑하고 자존심을 지키려 한다면 국무장관직을 맡아달라고 설득했다. 그 후 링컨은 자주 시워드의 집을 방문했고 같이 군대와 요새를 찾아갔다.

몇 차례 링컨을 만난 후 시워드와 링컨은 서로에 대해 더 잘 알 수 있었다. 시워드는 링컨이 결코 단순하고 무능한 리더가 아님을 알아가기 시작했다. 그는 전력을 다해 국가에 헌신하고 투철한 윤리의식 속에서 대의를 추구하는 링컨을 진심으로 도왔다.

시워드는 미국 역사상 가장 유능한 국무장관이라고 해도 과언이 아니다. 후에 시워드는 아내에게 이런 편지를 보냈다.

> 링컨 대통령의 행정력과 강인한 열정은 그가 가지고 있는 귀중한 자산입니다. 대통령은 우리 중 최고입니다.

링컨은 시워드와 더불어 누가 보아도 적일 수밖에 없었던 사람을 전쟁장관에 임명했다. 링컨은 초기 전쟁장관인 시몬 카메런을 부적절하고 투명하지 않은 군사계약을 했다는 이유로 해임하고 대신 에드윈 스탠턴을 임명했다.

스탠턴은 링컨이 소속되어 있는 공화당원이 아니라 민주당원이었다. 더욱이 스탠턴은 1855년에 이미 동부의 저명한 변호사로 이름을 날리고 있었다.

스탠턴은 맥코믹-맨니 소송사건(the McCormick-Manny Case, 곡물수확기 회사인 맥코믹이 경쟁사인 맨니를 상대로 맨니 사가 맥코믹의 특허권이 있는 수확기를 복제했다고 하면서 손해배상으로 40만 달러를 요구했다. 이 소송에서 맨니가 승리했다)에서 맨니 소속의 변호인단으로 활동하면서 같은 변호인단에 속해 있는 링컨을 무참히 짓밟았다.

스탠턴은 서부 촌뜨기 출신 무명 변호사 링컨과 같은 변호인단에서 활동한다는 것을 몹시도 불쾌하게 생각했다. 그는 링컨을 보고 "지적 능력이 형편없는 키가 큰 기린과 같다."라고 비웃었다.

링컨의 각료를 비롯해 많은 사람들이 스탠턴을 반대했지만 링컨은 스탠턴이야말로 전쟁장관에 가장 적합한 인물이라고 설득한 후 그를 임명했다. 스탠턴은 링컨을 도와 전쟁을 승리로 이끈 유능한 장관이었다. 스탠턴은 링컨이 죽었을 때 이렇게 말했다.

"이제 링컨 대통령은 역사의 한 페이지가 되었습니다."

링컨은 정당과 지역을 초월하여 개방적인 협력을 이루어 나갔다. 1864년 선거에서 링컨은 남부 민주당 출신인 앤드류 존슨을 부통령 후보로 지명한 일에서도 잘 드러난다.

또한 샐먼 체이스와의 관계유지에서도 그의 열린 마음을 볼 수 있다. 재무장관 체이스는 대통령으로서의 링컨의 능력을 문제 삼았을 뿐 아니라 노골적으로 차기 대통령에 도전하겠다고 공언했다.

뿐만 아니라 체이스는 재무부 직원 인사를 마음대로 휘둘렀으며 심지어 전쟁수행을 위한 대통령의 자금준비가 헌법에 어긋난다고 반대했다. 이 일에 대해 링컨은 대통령의 권한을 이용해 체이스의 행동에 주의를 주고 명령할 수 있었지만 그렇게 하지 않았다.

심지어 체이스는 재무장관직을 세 번씩이나 그만두겠다고 사표를 썼다. 하지만 링컨은 체이스가 업무능력도 뛰어나고 전쟁수행을 위한 비용 마련에 최고의 적임자라고 생각했다.

링컨은 체이스를 설득했다.

"남부동맹이 미합중국을 파괴시키려 헌법을 유린하고 있습니다. 나는 미합중국을 구할 수만 있다면 기꺼이 헌법을 위반할 것입니다."

링컨은 전쟁을 승리로 이끌어줄 적합한 장군이 필요했다. 전쟁이 시작되면서 링컨은 그런 장군을 찾기 위해 최선을 다했다.

링컨은 스콧의 의견을 수렴하여 맥도웰을 사령관에 임명했다. 하지만 맥도웰은 위험을 감수하고, 책임을 지고, 강한 추진력을 발휘하는 그런 장군이 아니었다. 결국 링컨은 실력을 자랑하던 조지 매클레란을 총사령관으로 임명했다.

링컨은 전쟁을 조기에 끝낼 생각에 매클레란에 대한 기대와 관심을 각별히 나타냈다. 하지만 즉각적인 공격을 원하는 링컨의 요구와 달리 매클레란은 병력 증강과 훈련에만 치중했다.

그럼에도 링컨은 매클레란에게 대통령으로서의 정보도 제공하고 인간적인 관계를 더 돈독히 하기 위해 수시로 그와 만나 대화를 했다. 그러나 매클레란은 링컨의 이런 행동을 오해했다. 그는 링컨이 군에 대한 지식과 능력이 없기 때문에 자신을 찾는다고 생각했다.

1861년 11월 밤 링컨이 시워드와 비서 존 헤이를 데리고 평상시처럼 매클레란의 집을 찾았다. 마침 장군은 출타 중이었고 그래서 대통령 일행은 응접실에서 기다렸다. 한 시간 정도 지나자 장군이 집으로 돌아왔다. 하지만 그는 대통령 일행이 와 있다는 비서의 말에도 아랑곳하지 않고 2층으로 올라가버렸다.

　30분이 지나고 장군이 잠들었다고 비서가 알려왔다. 이에 헤이와 시워드는 몹시 화를 냈지만 링컨은 "지금은 에티켓이나 개인적인 권위를 따지지 않는 것이 좋을 것 같다."라며 군말없이 장군의 집을 나왔다.

　그 후 링컨은 매클레란의 집을 찾지 않았지만 그를 해임하는 1862년 7월까지 끊임없는 지원을 아끼지 않았다.

　심지어 의회와 장관들의 매클레란에 대한 강한 비난을 감싸주었다. 링컨은 "그가 싸움에 이기기만 한다면 나는 그의 말고삐를 잡아주는 사람이 되어도 상관없다."라고 말한 적도 있다.

　하지만 매클레란에 대한 링컨의 기대는 물거품이 되었다. 매클레란은 전투를 하지 않고 끊임없는 훈련과 변명만을 늘어놓았다. 결국 링컨은 매클레란을 총사령관에서 해임하고 할렉 장군을 임명했다.

　해임된 매클레란은 링컨의 반대 입장에 섰다. 결국 그는 민주당에 입당하여 1864년 선거에서 링컨과 경쟁했다.

　비록 매클레란 장군과의 관계가 성공적으로 유지되지는 못하였지만 링컨은 그와 개방적인 협력관계를 유지하려고 무척 애를 썼다.

　때로는 리더십이라는 버스에 적합하지 못한 사람이 탈 수도 있다. 적합한 사람과 적합하지 않은 사람을 판단하여 그와 여행을 계속할 것인지 아닌지를 결정하는 것도 위대한 리더의 능력이다.

　링컨이 인재를 적재적소에 등용하여 많은 위기를 넘겼듯이, 글로벌 경쟁시대의 기업들에게도 인재등용은 너무나 중요하다.

'사람을 키우면 불가능도 가능해진다'는 도요타의 인재경영 슬로건이다. '물건을 만드는 것은 사람을 만드는 것'이라는 말도 있다. 그러나 정작 도요타에는 인재경영을 위한 특정 프로그램이 없다. 도요타는 직급이나 실력에 상관없이 일단 입사하면 누구나 능력을 개발시키는 것을 기본 철학으로 하므로 모든 직원이 핵심인재다. 그래서 도요타는 핵심인재를 따로 확보하고 관리하는 것보다 모든 직원을 키우는 인재육성 프로그램 개발에 주력하고 있다. '인재는 도요타의 성장을 이끌 엔진'이라는 믿음을 가지고 인재육성에 총력을 기울인다. 최근에는 급속한 세계화의 진전에 맞추어 인재육성 속도를 높여야 할 필요성이 제기되어 인재육성 프로그램을 해외로까지 빠르게 확산시켰다. 그 실체가 도요타의 글로벌 생산추진 센터(GPC)인데 이는 도요타의 세계화를 위한 인재육성에 큰 기여를 하고 있다.

　삼성의 이건희 회장은 오늘날은 핵심인력 1명이 10만 명을 먹여 살리는 시대라고 했다. 그러면서 인재경영에 총력을 기울이고 있다. 또한 이건희 회장은 기업이 인재를 양성하지 않는 것은 죄악이라고 말했다. 삼성은 우수한 인재 유치를 위해 미래전략 그룹을 구성하여 S(Super)급, A(알파벳의 첫 글자)급, H(High Potential)급 3계층으로 이뤄진 '삼성의 인재풀'을 구성하고 전세계를 상대로 유능한 인재를 유치하고 있다.

　LG의 구본무 회장은 "모든 임직원은 헤드헌터가 되라"며 인재의 중요성을 강조하고 있다. LG는 임직원을 평가할 때 인재 확보 능력에 큰 비중을 두고 있다. LG는 무게 있는 인재를 스카웃할 때는 연봉과 국적은 물론 형식에 구애 받지 않는다. 또 LG는 '인재 확보 및 육성책임제'를 실시하고 있다. LG화학과 LG전자 CEO들은 외국 캠퍼스 리크루팅과 대학강좌 등을 통해 핵심인재를 영입하고 있다. 특히 LG전자는 회사가 필요로 하는 우수인재가 입사할 때 사이닝 보너스(Signing Bonus)라는 상한선 없는 일시불로 거금을 지급한다. 김쌍수 LG전자 부회장은 인재유치를 위해 외국 로드쇼를 벌이기도 했다.

 링컨의 경영노트

사람에 대한 편견은 조직을 질식시킨다.

 사람은 개성적인 존재다. 따라서 사람들과 협력적 유대관계를 맺기 위해서는, 개성을 걸림돌로 여겨서는 안 된다. 개성은 조직에 이질적인 요소가 아니다. 감정을 배제하고, 능력과 목적에 대한 공유 의식만을 평가해야 한다. 그 밖의 것들은 조직의 편협함과 관련된다.

커뮤니케이션, 화합의 특급열차

"직접 만나서 이야기하는 것이
나쁜 감정을 해소하는 최상의 방법이다."

위대한 리더의 공통된 조건 중 하나는 커뮤니케이션 능력이다. '커뮤니케이션(communication)'은 소통, 왕래, 교통, 통신, 친밀한 관계 등을 의미한다. 이는 '함께(com)'와 '친하게 이야기하다(commune)'는 뜻의 합성어다.

위대한 리더는 팔로워와 친밀한 커뮤니케이션 관계를 유지한다. 링컨은 팔로워를 칭찬하는 것을 좋아했다. 그는 강요하지 않고 설득했으며, 부드럽고 친절하게 대했다.

앞에서 보았듯이 링컨의 커뮤니케이션은 칭찬과 설득과 용서와 친절이 넘친다. 그는 장군들의 성공에 아낌없이 칭찬했다. 그는 강요와 실리가 아닌 대의적인 가치를 가지고 팔로워들을 설득했다. 전쟁이라는 인간의 추악함이 난무하던 시기에 그는 용서라는 두 단어를 실천했다. 그는 항상 부드럽고 유머가 섞인 말과 친절로 사람들을 대했다. 링컨은 바로 이것을 통해 구성원들의 협력을 이끌어냈다.

링컨의 커뮤니케이션 능력이 가장 돋보이는 것은 연설을 통해서였다. 그의 뛰어난 연설 능력은 주로 변호사 일을 하면서 체득된 것이다. 대통령이 되기 전에 이미 링컨은 대중연설가로 이름을 날렸는데 1854년부터 1860년까지 무려 175회 이상 연설을 했다.

1858년 더글라스는 링컨의 연설 능력을 알고 있었던 것 같다. 그는 자신의 참모들에게 "링컨은 위트와 유머가 풍부한 서부 최고의 대중연설가입니다. 잘못하면 그에게 질 수도 있습니다."라고 고백했다.

많은 리더들이 연설문을 비서들에게 쓰도록 한다. 미국의 많은 대통령들도 그랬다. 앤드류 존슨, 그랜트, 해리슨, 하딩 등 낮은 평가를 받고 있는 대통령들은 연설문을 직접 작성하지 않았다. 그들은 보좌관들이 작성해준 연설문을 앵무새처럼 읽고 말았다.

하지만 링컨을 비롯하여 최고라는 평가를 받는 미국 대통령들은 스스로 연설문을 작성했다. 워싱턴, 링컨, 프랭클린 루스벨트 등이 그들이다. 그 중에서도 링컨은 단연 최고의 연설가였다.

링컨은 연설문을 직접 작성했을 뿐 아니라 대통령이 되면서부터는 이전의 즉흥연설을 자제하고 준비를 철저히 했다. 첫 취임사, 노예해방선언, 게티즈버그연설, 재임 취임사 등 주옥 같은 연설문들은 모두 링컨의 작품들이다. 몇 주에 걸친 연구와 분석과 연습의 결과였다. 때로는 보좌관들과 토론을 해가며 자신이 작성한 원고를 수정하기도 했다.
링컨의 비서인 니콜라이와 헤이는 이렇게 증언했다.

> 대통령은 연설을 철저하게 준비합니다. 단어 하나하나를, 문장 하나하나를 넣어보고 또 바꿔보았습니다. 연설을 할 때 그분은 연설을 완전히 끝내는 것 이외에는 아무것도 생각하지 않았습니다.

링컨은 대통령이 되기 전까지 많은 연설을 했고 명성을 얻고 있었다. 하지만 대통령이 된 후 링컨은 대중연설은 물론 즉흥적인 연설도 자제했다.

링컨은 침묵도 효과적인 커뮤니케이션 수단이라는 것을 알았다. 말하자면 침묵을 통해 불필요한 오해를 없애는 방법도 알고 있었던 것이다.

전쟁이 장기화되고 연방군의 승리 소식이 뜸하던 1864년에 조급한 여러 언론들이 대통령에게 연설을 요구했다.

이에 링컨은 이렇게 답했다.

> 대통령인 내가 하는 말은 하나도 빠지지 않고 그대로 언론에 공개된다는 것을 알고 있습니다. 따라서 내가 하는 실수는 나와 여러분은 물론 국가 전체에 영향을 미칩니다. 그러므로 나는 최소한 실수는 하지 않아야 한다고 생각합니다.

또 노예해방을 선언하기 전에 노예문제에 대한 분명한 입장을 요구하는 언론에 대해서도 링컨의 대답은 이랬다.

지금은 내가 연설하는 것이 적절치 않다고 생각합니다.

오해와 곡해를 할 수 있는 상황에서 대통령의 발언은 오히려 국민들의 화합을 해칠 수 있음을 링컨은 알고 있었다.
링컨이 연설을 통해 협력을 이끌어낼 수 있었던 것은 연설의 메시지가 분명했기 때문이다. 링컨의 연설은 요점이 명확했다.
연방탈퇴를 하고 전쟁을 불사하겠다고 하는 시점에서 치러진 첫 번째 취임사에서 링컨은 "저는 연방은 영원한 것이라고 주장합니다."라고 말했다. 이는 강력한 첫마디였고 연방수호라는 확고한 신념이 있었다.
노예해방선언에서 "반란 주에 노예로 있는 모든 사람은 이제부터 자유의 몸이 되었음을 선언합니다."라고 말했다. 노예해방선언의 요점이다.
2분이라는 짧은 시간에 연설한 게티즈버그 연설에서 '국민의, 국민에 의한, 국민을 위한 정치'를 말하면서 민주주의의 신념을 강력하게 전했다.
처벌이 아니라 용서와 관용으로 통합된 국가가 다시 탄생되기를 간절히 바라는 가운데 실시된 2차 취임사에서 링컨은 "누구에게도 악의를 품지 맙시다."라고 외쳤다.

링컨의 연설은 그의 외모에서도 영향력을 발휘했다. 프랭클린 루스벨트에게는 담배 파이프, 처칠에게는 시가가 상징되듯이 링컨에게는 연통형의 모자가 상징이 되었다. 더더욱 커 보이는 모습이 사람들에게 강력한 이미지를 심어주었다.

또한 링컨은 어릴 때 읽었던 《이솝우화》를 적재적소에 활용하였다. 그는 섬터 요새 문제를 두고 '딸을 달라고 요구하는 늑대' 이야기로 사람들을 설득했다. 그랜트 장군을 총사령관으로 선발하기까지 여러 장군들은 병사와 군수품의 증강을 요구했다. 그때 링컨은 '동물들 사이에서 싸움이 벌어졌을 때 꼬리를 길게 해줄 것을 요구하는 원숭이 지휘관' 이야기를 했다. 링컨의 우화 사용은 상대방을 설득하는 데 아주 효과적이었다.

대통령으로서 링컨 연설의 핵심 주제는 통합이었다. 벽과 칸막이 없는 설득과 아량과 용서를 통한 통합의 리더십이었다.

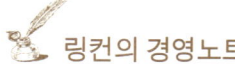 링컨의 경영노트

진지한 커뮤니케이션이 통합의 리더십이다.

링컨은 진지한 대화에 능했다. 그의 소통의 힘은 이질적인 신념과 가치관의 벽도 허물만큼 진실한 힘을 지녔다. 그가 인종과 가치관이 마구 뒤얽힌 다툼과 혼란의 시대를 극복할 수 있었던 것은, 자신의 진실을 호소력 있게 전달하는 커뮤니케이션 능력 때문이었다.

Chapter 6

내가 가는 길

평생의 기본으로 삼은 정직

"거짓은 잠깐은 통할 수 있지만 영원히 통할 수는 없다."

어떤 사람이 잘못된 안내판을 따라 길을 갔다고 하자. 그는 분명 다시 돌아나올 것이고 다시는 그 안내판을 따라가지 않을 것이다.

사람과의 관계를 다루는 리더십도 마찬가지다. 다른 사람을 안내하는 사람에게는 정직이 우선이다. 정직이라는 것은 마음을 바르게 하고 말과 행동이 일치하는 것이다.

리더십에 있어 정직은 생명과 같다. 누구나 한두 번 정직하지 못한 일을 하고 그것을 교묘하게 위장할 수도 있다. 하지만 이것은 오래 갈 수 없다. 이 세상에 정직하지 않은 사람을 따르는 사람은 아무도 없기 때문이다.

정직하지 않은 사람을 따르는 경우가 종종 있다. 하지만 이는 순간적인 일이거나 따르는 사람 역시 정직하지 못한 경우다.

우리 사회에서 이른바 리더의 위치에 있던 사람들이 추풍낙엽처럼 떨어지는 것을 자주 본다. 가장 큰 이유는 그가 정책을 잘못 집행해서가 아니다. 대부분 그가 정직하지 못했기 때문이다.

리더십은 정직을 주식으로 하기 때문에 한두 번 다른 음식은 가능하지만 결국 정직을 먹지 않으면 성장을 멈춘다. 성장이 멈추는 정도가 아니라 정직을 먹지 않는 리더십은 곧바로 생명이 끊어진다.

리더십 연구로 유명한 번즈는 "윤리가 결여된 리더십은 단순한 관리기술과 정치기술이 되고 만다."라고 했다.

링컨은 리더십의 이러한 속성을 잘 알고 있었다.

링컨은 항상 올바른 일을 했으며 가능한 한 그렇게 하려고 노력했다. 그는 사람들에게 "올바른 입장에 있는 사람이라면 무조건 지지하십시오. 그가 올바른 일을 하면 지지하고 그가 올바르지 않을 때에는 반대하십시오."라고 했다.

링컨은 거짓말을 일삼는 사람과 사기꾼을 다른 식물을 죽이는 덩굴식물에 비유했다.

> 덩굴식물은 어떤 면에서 사람의 습성과 비슷합니다. 그것은 자기가 파괴시킨 것을 교묘하게 위장합니다.

또한 링컨은 잘못을 해놓고 그것을 다른 사람에게 뒤집어씌우는 사람을 빗대어 이런 예를 들었다.

범죄자가 권총을 뽑자 위협을 당한 사람이 갑자기 일어나 그 범죄자의 손에서 권총을 빼앗는 일이 있었습니다. 그러자 범죄자가 '멈춰! 권총을 돌려줘. 너는 내 재산에 대해 아무런 권리가 없어.' 라고 했다.

그런 사람들은 길거리에서 아무런 죄가 없는 사람을 공격하는 깡패와 같다고 비유했다. 링컨의 이러한 말에서 그가 옳고 그른 것에 대해 너무나 확고한 선을 가지고 있음을 알 수 있다.

링컨에게는 '정직한 에이브(Honest Abe)' 라는 별명이 따라다녔다. 이 별명은 그가 1830년대에 친구 윌리엄 베리와 함께 잡화점을 할 때 얻게 된 것이다. 그가 잡화점과 지역 우체국장직을 할 때 주위 사람들로부터 정직한 사람이라는 평판을 받았다. 그런데 1835년 술고래 베리가 죽자 그 잡화점은 1100달러 빚을 남기고 파산했다. 링컨은 이 빚을 그 후 몇 년에 걸쳐 다 청산했다.

이 일로 인하여 링컨은 정직한 사람이라는 이미지가 굳어졌다. 1860년 5월에 열린 공화당 전당대회에서 동료 리처드 오글레스비가 홍보문구로 사용하면서 '정직한 에이브' 는 링컨의 트레이드마크가 되었다. 그 후 링컨이 죽고 난 후 나온 수많은 전기에서 이 '정직한 에이브' 는 링컨을 신화로 만드는 데 큰 역할을 했다.

링컨의 정직에 대해서는 당대의 사람들이 이미 인정했던 셈이다. 엠브로즈 번사이드 장군은 매클레런 후임으로 사령관에 임명되었지만 그는 프레드릭스버그 전투에서 남부의 리 장군에게 크게 패하고 부하들에게 많은 비난을 받았다. 그는 스스로 사령관직을 물러나면서 부하들에게 "이 지구상에서 지금까지 정직한 한 사람이 있다면 그는 바로 에이브러햄 링컨이다."라고 말했다. 심지어 남부의 총사령관인 리는 그랜트에게 항복을 하고 나서 "나는 그랜트의 군대에 항복했다기보다 오히려 링컨의 정직과 선의 때문에 항복했다."라고 고백할 정도였다.

조직이나 국가를 이끄는 리더들은 사람들로부터 칭찬도 받지만 비난으로부터도 완전히 자유롭지 못하다. 링컨 역시 마찬가지였다.

링컨도 대통령이기 이전에 사람인지라 자신에 대한 터무니없는 중상모략에는 여느 사람과 마찬가지로 분노했던 것 같다. 그는 사람들에게 다음과 같이 말했다.

자신에 대해 이유 없는 중상모략이 생기면 분노가 치밀어오르는 것은 당연합니다. 그러고 나서 중상모략을 일삼는 사람들에게 복수하고 싶은 욕구가 치밀어오르기도 합니다. 하지만 명심하십시오. 가장 좋은 복수는 정직 그 자체임을 말입니다.

전쟁이 지루하게 계속되자 많은 사람들이 링컨에게 불만을 토로했다. 링컨은 이렇게 답했다.

나는 승리하지 않아도 좋습니다. 하지만 나는 결코 잘못된 길을 가지 않을 것입니다. 나는 성공하지 않아도 좋습니다. 하지만 나는 결코 양심에서 벗어난 길을 가지 않을 것입니다.

이와 관련하여 링컨을 연구한 도널드 필립스는 "링컨의 출신, 학력, 기타 정치 성향(전쟁 책임문제, 노예제도 찬반문제, 헌법 위반 문제 등) 등을 비난하고 문제 삼는 사람들은 많다. 하지만 링컨의 정직과 성실에 대해서는 아무도 의심하지 않았다."라고 밝히고 있다. 링컨이 얼마나 정직했는지 알 수 있는 문장이다.

정직하지 않는 리더는 다른 사람을 안내할 수 없다. 정직하지 않은데 혹시 다른 사람을 잘 안내하는 것같이 보이는 사람도 있을 수 있다. 이 경우 안내하는 그가 강제와 실리를 동원한 경우거나 혹은 거짓을 일삼는 사기꾼일 것이다. 분명히 말하지만 정직하지 않은 사람의 안내는 순간의 영향력뿐이다.

왜 그토록 많은 사람들이 시간과 공간을 초월하여 링컨을 따르는가? 그것은 링컨이 정직한 사람이기 때문이다.

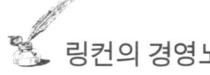 링컨의 경영노트

정직은 리더십의 생명이다.

팀원들이 리더에게 바라는 첫 번째가 바로 '정직' 이라는 설문조사가 있었다. '정직' 이라는 요소가 빠진 리더십은 그저 얄팍한 '기술' 에 그치고 만다. 올바른 입장에 있는 사람만이 사람의 마음을 움직이고 나아가 더 큰 무리를 이끌 수 있다.

주체적인 삶을 위한 자기경영

"나는 최후까지 경주를 했다는 것이 즐겁다."

"스스로 깨면 병아리요, 남이 깨면 프라이다."라는 말이 있다. 위대한 리더들의 공통된 특성은 자신의 인생을 주도적으로 이끌었다는 점이다. 그들은 자신이 원하는 것이 무엇인지 알고 스스로 많은 위험과 실패를 감수하는 특성이 있었다.

알렉산더는 코스모폴리탄적인 세계 공동체를 실현하고자 했다. 칭기즈칸은 유라시아 자유무역지대를 형성하고자 했다. 워싱턴은 지구상 최초의 민주주의 국가가 성공하기를 원했다. 프랭클린 루스벨트는 소아마비와 대공황을 극복하고 전쟁에서 승리하기를 원했다. 간디는 인도를 영국으로부터 독립시키고자 했으며 인도의 통일을 원했다. 마르틴 루터 킹 목사는 흑인과 백인이 함께 노래 부를 수 있는 진정한 인종평등을 원했다. 이들은 모두 자신이 무엇을 원하는지 알고 있었고 이것을 위해 많은 위험과 실패를 감수했다.

링컨도 자신이 무엇을 원하는지 알았고 이것을 위해 살았다. 때로는 위험이 다가왔고 실패가 길을 가로막았지만 링컨은 스스로 선택한 길이었기에 열정을 가지고 최선을 다했다.

한마디로 링컨의 일생은 자신이 선택한 길이었다. 어려운 환경에서 책은 링컨이 스스로 선택한 것이었다. 링컨은 책을 통해 새로운 세계를 꿈꾸었다.

20세를 전후하여 집을 떠난 링컨은 모든 일을 혼자서 선택했다. 잡화점 점원, 뱃일, 잡화점 사업, 짧은 군대생활, 주의회 의원 출마, 우체국장, 측량기사 등의 일을 하면서 많은 실패를 거듭했다. 링컨은 사업에도 실패했다. 그는 군인의 자질이 없었기 때문에 군복을 스스로 벗었다. 주의회에 출마했지만 낙선했다. 우체국장과 측량기사는 큰 실패를 하지 않았지만 그렇다고 성공한 것도 아니었다.

링컨의 선택은 여기서 끝나지 않았다. 그는 25세에 두 번째로 도전한 주의회 의원에 당선되었다. 이때부터 변호사가 되기 위해 법률공부를 했고 본격적으로 정치가의 길을 갔다. 링컨은 휘그당에 가입해 정당생활을 시작했고 주의회에 연이어 네 번을 당선되고 변호사를 개업했다.

그후 링컨의 선택은 전국적으로 확대되었다. 연방 하원의원에 출마하여 한 번 당선되었지만 그 후에는 낙선했다. 1856년에 부통령 후보지명에 나섰지만 실패했고 2년 뒤 상원의원에도 실패했다. 하지만 링컨은 대통령이 되는 길을 선택했고 마침내 대통령이 되었다.

대통령에 당선된 후에도 링컨은 주도적인 삶을 살았다. 여기서 말하는 주도적인 삶은 옳고 그름에 상관없이 일을 혼자서 독단적으로 처리하는 독재자의 삶과는 다르다.

링컨에게 있어 주도적인 삶이란 정당하고 올바른 일을 선택하고 그 일을 이루기 위해 열정을 다하는 것을 의미한다.

대통령으로서 주도적 삶은 취임식 전부터 시작되었다. 취임식이 있기 전 링컨에 대한 좋지 않은 소문이 나돌았다. 심지어 어떤 언론은 암살음모가 있을 것이라고 했다.

그러나 링컨은 2월 11일 스프링필드를 떠나 워싱턴으로 향하는 특별열차를 탔다. 어떤 언론은 링컨이 겁을 먹고 몰래 워싱턴을 잠입했다고 하지만 이는 오보였다.

보좌관들은 링컨에게 아무도 모르게 워싱턴으로 향하자고 했다. 하지만 링컨은 주민들과 작별하기로 되어 있는 스프링필드 기차역으로 향했다. 그는 운집한 사람들과 공개적으로 작별인사를 했다. 감사와 당부의 즉흥연설도 했다.

이곳과 이곳 사람들의 친절함에 저는 많은 것을 빚지고 떠납니다…지금까지 했던 일보다 훨씬 큰일이 제 앞에 놓여 있기 때문에 지금 떠나는 시점에서 언제 과연 제가 돌아올 수 있을지 미지수입니다.

결코 하느님이나 하느님의 부름을 받은 존재의 도움 없이 저는 성공할 수 없습니다.

그분의 도움이 지속되는 한 저는 실패할 수도 없다고 생각합니다. 저와 늘 함께하시고 여기 계시는 여러분과도 함께하시며 이 세상의 선을 지켜주시고 우리로 하여금 모두가 잘될 거라고 희망을 안겨주시는 거룩한 그분을 믿습니다.

이미 연방을 탈퇴하여 남부동맹을 결성한 주는 물론 남부의 여러 주들은 링컨이 대통령에 취임하면 전쟁을 불사하겠다고 으름장을 놓았다(심지어 대통령 선거 때 링컨은 남부에서 단 한 표도 받지 못했다).

하지만 링컨은 이에 굴하지 않았다. 링컨이 1861년 3월 4일 대통령에 취임하자 남부의 위협은 갈수록 커졌다. 그때 섬터 요새 문제가 터졌다.

시워드를 비롯한 링컨의 각료들 대부분은 물론 스콧 장군까지 피비린내 나는 전쟁을 피하기 위해 남부의 요구를 들어주자고 강요했다. 하지만 링컨에게 요새를 남부에 넘겨주는 것은 올바르고 정당한 일이 아니었다. 비록 전쟁으로 인한 고통과 실패의 위험이 있었지만 링컨은 고난의 길을 선택했다. 연방수호는 미국이 지구상에서 존재하는 이유였기 때문이다.

연방수호라는 존재 이유를 확보하기 위해 링컨은 대통령으로서 최선을 다했다. 의회 동의 없이 링컨은 전쟁에서 승리하기 위한 수단을 강구했다. 군대동원령, 선전포고문, 인신보호영장청구권 일시중지, 계엄령 등을 선포했다.

이에 연방 대법원장 로즈 태니를 비롯하여 언론들과 시민들이 링컨을 독재자라고 몰아세웠다. 하지만 링컨은 이에 굴하지 않았다.

그 후 링컨은 전쟁을 승리로 이끌기 위한 새로운 노력을 시도했다. 바로 노예해방을 위한 노력이었다. 이 문제 역시 많은 사람들이 반대를 했다. 하지만 링컨에게 노예제도는 반드시 폐지해야 할 목표였다. 단지 시기와 방법만이 문제일 뿐이었다.

링컨은 1862년 3월에 보상을 조건으로 하는 노예해방을 요구했고, 9월에는 노예해방 예비선언을 했으며, 이듬해 1월에 노예해방을 선언하였다. 그리고 1865년 전쟁에서의 승리를 눈앞에 두고 링컨은 전국적으로 노예제도를 폐지하는 헌법을 통과시켰다.

링컨의 보좌관들은 대통령이 너무나 많이 사면을 한다고 걱정했다. 하지만 링컨은 사람을 살리는 길을 선택했다. 링컨은 사람은 누구나 죽는 것보다 사는 것을 더 원한다는 것을 알고 있었고 이를 실천했다.

링컨은 사람들에게 "때가 되면 죽겠지만, 그때까지 나는 꽃이 자랄 수 있는 곳이라면 어디서든 잡초를 뽑고 꽃을 심을 것입니다."라고 말했다.

링컨의 주도적인 또 다른 정책은 대사면과 재건에 관한 내용이었다. 북부의 여러 정치가들은 물론 경제인, 군인들은 남부의 반란에 대해 철저하게 응징해야 한다는 여론을 형성하고 있었다. 특히 의회 내 '공화당 급진파'는 남부에 대한 혹독한 처벌을 원하고 있었다.

하지만 링컨의 생각은 이들과 달랐다. 링컨은 용서와 관용이 둘로 쪼개진 미국을 다시 하나로 봉합시켜주는 특효약이라는 것을 알고 있었다. 그래서 그는 전쟁 후 이른바 '온건한 재건'을 위해 노력했고 그 노력의 흔적이 재임 취임사에 고스란히 녹아 있다.

어떤 이는 위협과 실패의 두려움 속에서 아무 일도 하지 않을 수도 있다. 또 적당히 타협을 보고 어렵고 힘든 길을 선택하지 않을 수도 있다. 하지만 링컨은 아무리 위험하고 두렵더라도 아무 일도 하지 않고 가만히 있을 수 없었다.

링컨의 이러한 주도적인 삶을 두고 연구자들은 링컨이 '미국 대통령의 권한을 확대했다'고 정당화해주고 있다. 하지만 이런 평가는 링컨의 주도적인 삶의 결과적인 측면만을 고려했을 뿐 진정한 의미를 이해 못 하는 것이다.

링컨은 미국 역사상 가장 어려운 일을 피하지 않았다. 그는 아무 일도 하지 않고 가만히 있은 적이 없었다. 그는 정당하고 올바른 길을 선택했고 이를 위해 온몸을 불살랐다. 진정한 리더의 길은 바로 이와 같은 것이다.

 **링컨의 경영노트**

진실로 원하는 것에서 '나'라는 주체가 만들어진다.

알렉산더 대왕, 칭기즈칸, 간디 그리고 링컨의 공통점은 모두 자신의 삶을 주도했다는 것이다. 주도적인 삶을 이끄는 데 가장 중요한 점은 자신이 원하는 게 무엇인지 정확히 파악하는 것이다. 그래야 실패 앞에 무릎 꿇지 않고 자신의 삶을 리드해나갈 수 있다. 링컨이 미국 최고의 대통령이 될 수 있었던 이유도 바로 여기에 있다.

● ○ ○
실천과 행동으로 말하다

"감사할 줄 아는 사람에게는 발전이 있다."

　다른 사람을 리드하는 태도를 배우는 데 있어 가장 어려운 것이 바로 다른 사람을 안내하는 것이다. 다른 사람을 안내하는 리더는 정직해야 한다. 또 리더는 다른 사람보다 먼저 솔선하고 다른 사람의 모범이 되어야 한다.

　그래서 많은 사람들이 안내하는 것을 실천하지 못해 리더가 되는 것을 포기한다. 하지만 링컨은 안내하는 리더십을 보여주었다. 링컨은 정직했다. 해야 할 일을 솔선하여 반드시 했다. 지나고 보니 그 일이 다른 사람에게 모범이 되었다.

　앞에서 살펴본 링컨의 정직은 다른 사람에게 모범이 되었다. 그의 주도적인 삶 역시 마찬가지였다. 링컨의 칭찬, 용서, 설득, 배움, 협력, 목표 중심의 삶 또한 사람들에게 모범이 되었다.

시간 관리는 다른 사람에게 모범이 된 링컨의 또 하나의 태도다. 그는 사람들에게 이렇게 말했다.

시간을 덧없이 보내는 것만큼 사악한 일은 없습니다. 이 나쁜 습관으로부터 하루빨리 벗어나야 합니다.

링컨은 어린 시절에 성경을 읽어주시던 어머니와 잠시 만난 선생님과 존경하던 목사로부터 매순간 최선을 다하라는 가르침을 받았다. 링컨에게 게으름은 악의와 결탁하는 위험요소였다.

링컨은 누구보다도 근면하고 성실했다. 그는 공부를 할 때에도, 사업과 정치를 할 때에도, 변호사 일을 할 때에도 근면했다. 링컨은 근면이 자신을 성공의 길로 이끌어줄 거라고 확신했다. 이런 태도는 대통령이 되어서도 마찬가지였다.

링컨은 누구보다도 검소했다. 그의 옷차림과 외모는 대통령과 어울리지 않았다. 대통령이 되어 워싱턴에 도착했을 때 워싱턴의 주류들은 링컨의 촌스러움을 비웃었다.

대통령이라고 해서 젠체하지 않고 스스로 솔선수범을 보여준 재미있는 에피소드가 하나 있다. 어린 시절부터 자기 신발을 손수 닦았던 링컨은 대통령이 되어서도 마찬가지였다. 링컨이 자신의 구두를 닦는 모습을 보고 백악관을 출입하는 한 기자가 다음과 같이 말했다.

"각하! 체통을 지키십시오, 미국 대통령이 자기 구두를 닦다니요."

이에 링컨은 빙그레 웃으며 대답했다.

"아니 그럼, 미국 대통령에게 남의 구두를 닦으라는 말입니까?"

링컨의 검소한 모습은 대통령을 부르는 명칭에서도 나타난다. 그는 늘 단순히 'A. 링컨'으로 불리기를 원했다. 친구들이 존칭으로 부르면 "이봐, 그거 너무 사무적이지 않아?"라고 말했다. 사실 그는 대부분의 문서에 단순히 'A. 링컨'으로 서명했다.

링컨의 준법정신은 또 하나의 모범이 된다. 그는 사람들에게 "무슨 일이 있어도 법을 지켜야 한다."라고 말했다. 그가 엄청난 희생이 예상되는 전쟁을 선택한 이유는 남부가 숭고한 '독립선언서'와 '연방헌법'을 위반했다고 보았기 때문이다.

이 책에서 살펴보고 있는 링컨 리더십의 실체가 바로 그의 솔선수범의 지표들이다. 책임감, 권한위임, 믿음, 혁신 등에 있어서도 링컨은 다른 사람의 모범을 보여주는 삶을 살았다.

우리는 때로는 정직하지 못해, 때로는 다른 사람에게 모범을 보이지 못해 리더가 되는 데 실패한다. 어떤 사람들은 이런 실패를 또다시 할까 두려워 시도조차 하지 않는다. 하지만 진정한 리더는 실패에 굴하지 않는다. 링컨의 삶이 그러했다.

마지막 책임은 늘 리더의 것

"사람은 나이 40이 되면 자기 얼굴에 책임을 져야 한다."
언제부터인가 우리 사회에는 책임을 지는 사람이 없어졌다. 큰 사건이든 작은 사건이든 분명 책임자가 있게 마련이다. 하지만 우리는 "그 일은 내 책임입니다." 하고 나서는 사람을 볼 수 없게 되었다.

"잘되면 내 탓, 못되면 조상 탓."이라는 속담이 있다. 조심스럽긴 하지만 아마도 우리 사회에 진정한 리더가 없기 때문에 생긴 말이 아닌가 한다. 사실 우리 사회에 책임전가와 책임회피를 일삼는 사람들이 리더 행세를 하고 있는 경우가 적지 않다.

책임을 지지 않는 사람들의 공통된 성향은 성공은 자신의 공으로 돌리지만 실패는 다른 사람의 책임으로 돌리는 경우가 허다하다는 것이다.

책임을 지지 않는다면 리더가 아니다. 리더는 비록 실패를 하더라도 책임을 질 줄 안다. 리더는 다른 사람에게 책임을 전가하지 않는다. 리더는 온몸으로 그 일을 책임진다.

링컨은 책임을 지는 리더였다. 책임을 지는 리더만이 자신감 넘치는 정책을 펼칠 수 있다. 남북전쟁을 치르면서 링컨이 내린 중요한 정책결정은 하나같이 자신감에 찬 결정이었다.

코앞에 닥친 섬터 요새 문제에 대해 링컨은 책임 있는 결정을 했다. 철수를 할 것인가, 지원을 할 것인가. 링컨은 철저한 조사를 통해 어차피 전쟁이 발생할 상황임을 파악했다. 이런 상황에서는 누가 먼저 공격을 시작했는가가 대단히 중요했다. 그래서 링컨은 지원을 결정했고 남부동맹의 선제포격으로 전쟁이 발발했다.

시워드를 비롯한 보좌관들의 반대와 자칫 실패할 수도 있는 결정이었다. 하지만 링컨은 대통령으로서 그 결정에 책임을 졌던 것이다.

노예해방에 대해서도 링컨은 책임을 지는 리더였다. 앞에서 살펴보았듯이 링컨은 전략상 노예해방을 일찍이 결정하지 않았다. 링컨은 노예제도는 반드시 폐지되어야 할 것으로 보았고, 그것은 전쟁의 과정을 보면서 때를 기다려야 한다고 생각했다.

전후 처리문제에 있어서도 링컨은 책임을 지는 리더였다. 공화당 급진파를 비롯한 북부 승리자들은 남부동맹에 대한 가혹한 처벌을 요구했지만 링컨의 생각은 달랐다. 링컨은 비난과 처벌보다 관용과 용서를 통해 새롭게 국가를 통합해야 한다고 생각했다. 그래서 그는 일찍이 10퍼센트안을 제안했고 2차 취임식에서 "아무에게도 적의를 가지지 말자."라고 호소했던 것이다.

링컨은 믿었던 팔로워가 목적을 달성하지 못하더라도 이것을 문제 삼지 않았다. 링컨은 특히 전쟁을 하면서 장군들의 패배를 문책하지 않았다. 장군의 패배는 곧 장군을 임명한 대통령의 책임임을 공개적으로 인식시켰다.

존 포프 장군에 대한 지원의 시기를 놓쳐버려 2차 불런 전투에서 패배한 매클레란에 대해 비난과 해임요구서가 빗발쳤다. 그러나 당시 링컨은 기대를 아끼지 않았던 매클레란을 해임하지 않고 오히려 사령관에 임명했다. 이에 전쟁장관 스탠턴은 이러한 임명은 전례가 없다고 링컨에게 항의했다.

하지만 링컨은 패배의 책임을 매클레란에게만 돌릴 수 없다고 생각했다. 그는 전쟁장관에게 "장관, 그 명령은 내가 내렸습니다. 그 명령에 대한 책임은 내게 있습니다."라고 말했다.

게티즈버그 전투에서 조지 미드 장군에게 공격을 미루지 말고 로버트 리가 이끄는 남부동맹군이 강을 건너기 전에 추격하라고 명령했다.

"지금 곧바로 리 장군을 공격하면 반드시 우리 연방군이 승리할 것입니다. 승리의 명예는 장군의 것입니다. 혹 패배한다면 그 책임은 나의 것입니다."는 편지를 보냈다. 하지만 미드는 미적거렸고 리는 도망쳤다. 그 결과 지겨운 전쟁은 계속되었다. 이에 링컨은 미드 장군을 질책하는 편지를 썼으나 보내지 않았다.

총사령관으로 임명된 그랜트 장군 역시 와일드니스 전투를 비롯한 여러 전투에서 막대한 손실을 낳고 결정적인 승리를 이끌어내지 못하고 있었다. 의원과 보좌관들은 링컨에게 그랜트를 해임하고 처벌하라고 압력을 가했다. 하지만 링컨은 그랜트의 끈기를 믿고 있었다.

링컨은 그랜트에게 "장군은 그 어떤 정치적 문제에 대해서도 신경 쓰지 않아도 됩니다. 그러한 문제는 내 책임입니다."라는 강한 신뢰의 편지를 보냈다.

링컨은 패배에 대한 책임은 자신이 졌고 승리에 대한 공은 팔로워에게 주었다. 빅스버그 공략에서 승리한 그랜트 장군에게, 서배너를 점령한 셔먼 장군에게 링컨은 솔직하고 무한한 찬사를 보냈다. 그리고 링컨은 전쟁이 끝난 뒤 승리의 공을 용감한 장병들에게 돌렸다.

링컨은 의원들에게 다음과 같이 말했다.

아무리 노련한 정치가라 하더라도 대통령직에 있을 때의 삶이 장밋빛만은 아닐 것입니다. 나는 국민에게, 기독교 세계에, 역사에 그리고 나의 최종 보고자인 하느님께 책임을 느끼고 있습니다.

또한 링컨은 대통령의 책임에 대해 다음과 같이 말했다.

책임회피는 대통령을 밀짚모자를 쓴 농부로 만들어버리는 아주 부당하고 위험한 일입니다. 이런 일만은 막아야 합니다. 대통령이라면 그 영원한 분이신 하느님 앞에서 종종 이렇게 고백해야 합니다. '책임을 통감합니다.'라고.

팔로워들이 실패했을 때 리더가 책임을 묻지 않는다는 것을 알 때 그 조직은 활기찬 에너지가 넘칠 것이다. 또 승리의 공을 리더가 가지지 않고 팔로워에게 준다는 것을 알 때 그 조직은 힘찬 탄력을 받을 것이다. 이런 조직의 구성원들은 위험을 감수하고 혁신을 추구할 것이다.

링컨은 실패는 리더의 몫이고 성공은 팔로워의 몫이라는 것을 사람들에게 인식시켰다. 링컨이 모든 어려움을 극복하고 궁극적으로 승리를 이끌 수 있었던 것은 그의 책임감과 칭찬의 랑데부라 아니할 수 없다.

존 맥스웰은 "리더는 무엇이든지 포기할 수 있다. 단 마지막 책임은 제외하고."라고 말했다. 책임을 지는 리더라야 팔로워가 따른다. 최고 리더가 책임을 야당에, 언론에, 사법부에, 국민에게 그리고 다른 사람에게 있다고 할 때 그곳에는 이미 리더십은 없다.

링컨이 지금 우리나라에 있다면 이렇게 말했을 것이다.

"그 책임은 나에게 있습니다. 어떻게 하면 이 문제를 해결할 수 있을까요?"

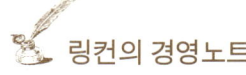 링컨의 경영노트

책임을 지지 않는 리더는 관리자일 뿐이다.

링컨은 전쟁의 승패에 대해 책임 소재와 그 공을 명확하게 하였다. 부하들이 신경 쓰지 말아야 할 부분에 대한 확실한 선을 그어주며 문제의 책임을 자신에게 돌리며 공에 대한 칭찬을 아끼지 않았다.

Chapter 7

잡초를 뽑고 꽃을 심는 사람

● ○ ○
권력이 아니라 권한이다

"한 인간의 됨됨이를 시험해보려거든 그에게 권력을 줘보라."
우리는 자주 이런 말을 듣는다. ○○당의 권력구조, ○○기업의 지배구조. 민주주의 사회에서 언론인들과 정치가들이 무심코 쓰는 이 권력과 지배는 참으로 잘못된 말이다.

어떤 사람들은 권력이 영원할 것으로 생각한다. 그 권력으로 다른 사람을 지배하는 것을 당연시하기도 한다. 하지만 인류역사를 통해 무한한 권력은 단 한 번도 없었다.

기간의 문제가 있을 뿐 절대 권력은 반드시 부패하게 마련이고 그 끝은 쓸개즙보다 참담한 맛을 보게 한다. 히틀러, 프랑코, 후세인, 폴 포트 등 전례는 무수하다.

리더십에 있어서도 다른 사람을 복종하게 만드는 권력과 지배는 어울리지 않는 단어들이다. 리더십은 다른 사람을 복종시키고 지배하여 생겨나는 영향력이 아니다.

앞에서 리더십을 '리더와 다른 사람이 함께 보다 나은 성장을 위해 변화하도록 하는 영향력'으로 정의한 바 있다. 이런 정의가 충족되기 위해서는 다음과 같은 조건이 필요하다. 첫째, 리더는 다른 사람과 함께 간다. 둘째, 리더는 다른 사람과 같은 공동의 목표를 가지고 있다. 셋째, 리더는 다른 사람과 결과를 공유한다.

따라서 권력으로 작용하는 리더십은 리더십이 아니다. 어디까지나 리더십은 권력이 아니라 한계가 정해져 있는 권한 안에서 작용한다.

진정한 리더들은 권한을 가지고 다른 사람과 함께 공동의 목표를 향해 노력하고 그 결과를 공유하는 사람들이었다.

대통령이 된 링컨은 자신은 잠시 권한을 부여받은 사람임을 강조했다. 링컨은 국민들에게 다음과 같이 말했다.

나는 미합중국이라는 큰 배의 선장으로 이 배가 순항할 수 있도록 최선을 다해왔습니다. 언젠가 때가 되면 나보다 훨씬 능숙하고 성공적으로 이 배를 운항할 수 있는 선장이 나올 것이며 그에게 내 임무를 기쁘게 넘겨주고 싶습니다.

링컨은 전쟁터의 군인들에게 각별한 관심을 쏟았다. 링컨은 군인들이 전쟁터로 가기 위해 워싱턴을 지날 때면 기꺼이 백악관 밖으로 나와 그들에게 위로와 용기를 불어넣었다. 한번은 오하이오 출신의 신병들이 워싱턴을 지나가고 있을 때였다. 링컨은 다음과 같이 말했다.

"나는 잠시 동안 이 큰 백악관을 차지하게 되었습니다. 우리 아버지의 아들이 지금 그러하듯이 나는 여러분의 산 중인입니다. 여러분의 자녀도 이곳에 와서 지내는 날이 있기를 바랍니다."

만약 권력과 지배를 생각한 사람이라면 링컨은 이런 말을 할 수 없었을 것이다. 링컨은 자신이 가지고 있는 힘을 권한으로 생각했고 그것도 잠시 책임을 지게 되었다고 믿고 있었다.

링컨은 누구보다도 자신에게 권한을 준 국민들을 믿었다. 1차 취임식에서 링컨은 연방을 수호하는 일에 대해 다음과 같이 말했다.

> 이렇게 하는 것(연방을 수호하기 위해 충실히 노력하는 것)은 나의 명백한 의무라고 생각합니다. 나의 상관인 미국 국민이 필요한 수단을 보류하지 않는 한, 또 어떤 권위 있는 방식으로 정반대의 일을 지시하지 않는 한 실천 가능한 한도에서 이 의무를 수행할 것입니다.

여기에서 링컨은 연방수호를 위한 노력은 미국 국민이 자신에게 위임한 권한임을 다시 한 번 밝히고 있다.

그래서 링컨은 '국민의, 국민에 의한, 국민을 위한 정치'를 위해 열정을 다했다. 2차 취임사에서 링컨은 자신에게 또 한 번의 권한을 위임한 국민들에게 '정의와 영원한 평화를 위해 다 같이 힘써 노력하자'고 호소했다.

신뢰는 용기를 낳는다

"국민의, 국민에 의한, 국민을 위한 정부는 영원히
이 땅에서 사라지지 않을 것이다."

링컨은 국민을 믿었다. 링컨은 국민으로부터 권한을 잠시 위임받았다고 생각했다. 링컨은 누구보다 국민을 믿었고 그것이 위임받은 권한에 대한 보답이라고 생각했다.

링컨은 국민들이 함께하는 한 역사상 가장 어려운 위기를 극복할 수 있다고 믿었다. 전쟁 초기 링컨은 북부에서 활동하고 있는 스파이를 색출하고 전쟁을 승리로 이끌기 위해 몇 가지 초헌법적인 일을 단행했다.

의회 동의 없이 군대동원령, 선전포고, 인신보호영장 청구금지 등에 대한 조치가 그것이다. 대통령의 이러한 조치에 대해서 대법원을 비롯한 수많은 언론에서 비난이 쏟아졌다. 이에 링컨은 다음과 같이 말했다.

결국 국민들은 모든 것을 이해할 것입니다. 우리 국민들은 보편적이고 궁극적인 정의를 가지고 있습니다. 이런 국민들에게 어떻게 참을성과 자신감이 없겠습니까?

앞에서 밝혔듯이 링컨은 국민들을 믿고 백악관을 개방했다. 누구든지 백악관에 오는 것을 막지 않았다. 어떤 사람들은 일자리를 얻기 위해서 왔다. 어떤 사람들은 억울함을 호소하기 위해 왔다. 또 어떤 사람들은 사면을 부탁하러 왔다. 심지어 어떤 사람들은 단순히 대통령과 악수를 하기 위해 몇 시간이고 줄을 서서 기다렸다.

링컨은 시간을 내서 그레이스 베델 양에게 "턱수염을 기르라는 충고에 감사한다."는 편지를 보냈다.

링컨은 국민들을 믿었고 국민들 역시 링컨을 신뢰했다. 국민들은 그들의 대통령이 국민을 괴롭히거나 국민을 속일 거라고 생각지 않았다.

국민들은 미국 역사상 처음으로 백악관의 대통령이 자기들의 대변인이라고 생각했다. 그들은 링컨을 아버지 에이브러햄이라 불렀고 백악관에 정이 담긴 작은 선물과 수많은 편지를 보냈다.

선물들은 집에서 만든 버터, 뉴잉글랜드 연어, 한쪽 다리가 부러진 독수리 등 단순하고 소박한 것이었다. 대통령 자리에 있으면서 링컨이 받은 편지는 하루 평균 2300통에 달했다고 한다.

대통령의 개방정책에 보좌관들은 적지않은 걱정을 했다. 어떤 보좌관은 '일반 국민들을 무작정 만나는 것은 시간 낭비일 뿐'이라고 말했지만 링컨은 개의치 않았다. 다만 이렇게 대답했다.

국민들을 만나는 이 시간은 내가 일하는 시간입니다. 주어진 업무시간의 틀 속에서만 일하려고 하는 사람은 말 그대로 업무적인 일밖에 할 수 없습니다. 어떤 조직의 대표들만이 이러한 특권을 가질 수 있다는 생각을 하지 마십시오. 자, 나는 일주일에 두 번 직접 국민들과 만나는 모임을 즐기려 합니다. 그들은 자신에게 생긴 문제를 나에게 호소하러 옵니다.

링컨은 백악관에서 직접 국민들과 만났을 뿐 아니라 직접 여러 곳을 찾아 다녔다. 링컨은 산업현장은 물론 특히 전쟁터에서 고생하는 군인들이 있는 곳이면 어려움을 마다 않고 직접 찾아 그들과 같이 호흡했다.

군대에 대해서 거의 문외한이다시피 한 링컨이 전쟁에서 승리를 거둔 수장이 된 것은 아이러니가 아닐 수 없다. 링컨이 승리할 거라는 믿음을 가지고 군인들에게 권한을 위임했기 때문이기도 하다.

국민들을 신뢰하고 있었던 링컨은 어떠한 어려움도 극복할 수 있다는 확신을 가지고 있었다. 그래서 링컨은 연방수호와 노예해방과 전후의 재건에 대해 누구보다 확신에 차 있었다. 확신에 찬 리더만이 팔로워에게 권한을 위임할 수 있다. 확신에 찬 리더로부터 권한을 위임받은 팔로워는 승리할 수 있다. 이것이 리더십의 작동 원리다.

링컨은 케네디와 클린턴처럼 외모에서 풍기는 카리스마를 가지고 있지 않았다. 하지만 군인들과 일반 국민들은 현장에서 대통령을 직접 만나게 되었을 때 열렬히 환호했다. 어떤 사람들은 어떻게 하면 좀더 가까이서 링컨을 볼까 하며 애를 태웠다.

대통령이 자신들을 믿고 있다는 사실을 확신하기 때문에 그들 역시 대통령을 자신들의 리더로 믿어 의심치 않았던 것이다.

어떻게 보면 링컨의 죽음은 국민들과 가까이 하고자 하는 데에서 작은 원인을 찾을 수 있다. 사실 보좌관들은 링컨의 경호문제에 대해 늘 걱정을 했다. 하지만 링컨은 엄격한 경호는 국민들이 자신에게 다가오는 것을 어렵게 만든다고 생각했다. 그래서 링컨은 항상 경호를 멀리했다. 국민에 대한 믿음 때문이었다. 링컨은 암살을 당한 그날도 경호원 없이 포드극장으로 향했고 그의 믿음은 주검으로 돌아왔다.

혹시 링컨을 또 다른 세계에서 만나 이야기할 수 있다면 아마도 그는 이렇게 말할 것이다. "나는 믿음을 죽음과 바꿨지만 조금도 후회하지 않는다."라고.

 링컨의 경영노트

신뢰를 얻고 싶으면 먼저 신임하라

사람과 사람, 기업과 개인, 기업과 기업, 정부와 국민 등 사회를 결속력 있게 만드는 가장 중요한 요소는 바로 믿음이다. 링컨은 자신의 직책을 국민이 만들어준 것이라 생각하고, 국민을 믿고 늘 가까이 하려고 노력했다. 링컨이 어려운 위기 속에도 흔들리지 않을 수 있었던 것은 자신을 든든하게 지지하고 있다는 국민들에 대한 믿음 때문이었다.

팀이 곧 승리의 방정식이다

"훌륭한 사람이 되고자 결심한 사람일수록
사사로운 언쟁으로 시간을 낭비하지 않는다.
사사로운 일들은 크게 양보하라."

맥스웰은 《리더십의 21가지 불변의 법칙》에서 여러 리더들이 권한을 위임하지 못하여 리더십을 발휘하지 못하는 이유를 다음과 같이 설명했다.

첫째, 지위의 안정성에 대한 욕구다. 그들은 자신이 가지고 있는 기존 지위에 대한 욕구가 너무나 강하여 팔로워에게 권한을 위임하면 자신은 필요 없는 사람이 될 거라고 생각한다.

둘째, 변화에 대한 거부다. 변화에 대한 거부는 인간의 본성인데, 권한위임은 본질적으로 지속적인 변화를 요구하기 때문에 그들은 권한을 위임하지 못한다.

셋째, 자기 가치에 대한 인식부족이다. 많은 사람들은 자신에 대한 가치와 평가를 자신의 직업이나 지위에서 얻으려 하는데, 권한을 위임하지 못하는 사람일수록 이런 경향이 짙다.

하지만 링컨에게는 이 세 가지가 없었다.

링컨은 대통령이라는 지위에 집착하지 않았다. 그는 잠시 대통령 자리에 있게 되었다고 많은 사람들에게 말했다. 그는 언제라도 자신보다 더 나은 사람이 백악관의 새 주인으로 오기를 기대했다.

링컨은 자신이 원하는 바를 실현하기 위해 자신보다 능력 있는 인재를 찾는 데 주저하지 않았다. 적합한 사람이라 판단되면 그에게 권한을 위임하는데도 주저하지 않았다. 나아가 그는 권한을 위임한 사람에 대해서는 사소하게 간섭하지 않고 기다려줄 줄도 알았다.

링컨은 누구보다도 변화를 좋아했다. 권한을 움켜쥐고 있는 사람들은 본능적으로 변화를 싫어한다. 그러나 링컨은 인생 그 자체가 변화의 연속이었다. 링컨은 권한위임을 통해 변화를 이끌었고 궁극적으로 승리했다.

링컨은 대통령이라는 지위에서 자신의 가치를 찾지 않았다. 링컨은 '독립선언서'와 '연방헌법'이 보장하는 자유, 민주주의, 인간 평등을 실현하는 일에 작은 보탬이 되는 것에 자신의 가치를 두었다. 이를 위해 연방을 수호하고 노예를 해방하는 일이야말로 그가 추구한 최대의 목표가 되었다.

링컨은 자유, 민주주의, 인간 평등을 실현하기 위해 잡초를 뽑고 꽃을 심는 사람이었다. 이것이 링컨이 추구하는 가치였다.

링컨의 신뢰와 권한위임은 요즘의 기업들에게도 모범이 된다. 현대의 기업들은 조직의 역량을 확대하기 위해 임파워먼트를 적극 활용한다. 임파워먼트는 한 조직원의 역량과 책임의식을 키우고, 이를 주변까지 확산시켜 조직 전체의 역량을 키우는 것이다. 임파워먼트는 기존의 고정관념을 거부한다. 인간의 역량은 정해져 있는 것이 아니기 때문이다. 여러 가지 자극과 동기부여를 통해 역량을 키우려는 것이다. 이는 단순한 권한위임이 아니라 위임된 권한이 실제로 활용되어 성과를 높이는 데 기여할 수 있는 추가 지원까지 포함한다. 단순히 권한의 수직적 이동이나 배분이 아니다. 조직원을 믿고 그들이 가지고 있는 지식과 의욕, 잠재능력을 발휘할 수 있도록 자유를 주어 추진력 있고 책임감 있는 행동을 끌어내는 행위다.

UPS택배에 베짱이 두둑한 직원이 있었다. 그는 크리스마스 시즌에 배달 물량이 넘쳐나자 고객들에게 제때 선물을 보내기 위해 보잉 737기를 주문하였다. 물론 이러한 행동은 이 직원의 권한 밖의 일이다. 그러나 회사는 그 직원을 제재하기보다는 그가 주도적으로 일을 처리하려고 노력한 것을 높이 평가하고 격려하였다.

3M도 불황기에 임파워먼트를 활용하여 큰 효과를 보았다. 3M은 1990년대 초반의 불황을 극복하기 위해 영업 인력에게 최초로 가격협상 추가조정권을 주었다. 또 거래협상이나 고객유치 활동에 필요한 결

정 권한을 보장하고 영업활동 범위도 확장해주는 등 다양한 부문에서 마케터들에게 영업 결정의 재량권을 넓혀주었다. 재량권이 확대되자 영업활동이 그만큼 더 활성화되었다. 고객과의 관계가 가까워져서 욕구를 잘 파악할 수 있게 되었다. 그 결과 고객의 불만과 의견을 충분히 반영한 제품들이 개발되었고 잘못된 제품의 포지셔닝도 과감히 조정할 기회를 생겼다. 3M은 불황에도 불구하고 매출의 30퍼센트를 신제품으로 채울 만큼 활발하게 움직였다. 그뿐 아니라 호황기 못지않은 이익을 냈다.

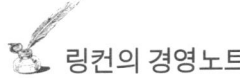 링컨의 경영노트

권력이 달콤할수록 마음은 황폐해진다.

　대부분의 사람이 '권력'이라는 옷을 입게 되면 세상을 얻은 듯한 착각을 하게 마련이다. 그러나 그 달콤함에 빠져 살다보면 마음은 황폐해지고 만다. 링컨은 자신에게 주어진 대통령이라는 유리한 위치를 결코 남용하지 않았다. 인간 링컨은 미국의 헌법에 따라 대통령의 권한을 잠시 위임받았다는 사실을 잊지 않을 만큼 냉철한 사람이었다.

권한 위임의 승부사, 링컨

"내가 할 수 있는 최선의 것, 내가 아는 최선의 것을
실행하고 또한 언제나 그러한 상태를 지속시키려고 한다."

'코드', '낙하산', 'DNA'와 연상되는 단어를 아는가?

이것이 인사와 관련된 말이라는 것은 누구나 알 것이다. 우리나라는 물론 미국 대부분의 대통령들은 자기와 같은 생각을 가진 사람들로 내각을 구성하고 책임자로 임명했다.

링컨의 권한위임에 대해 벤저민 토머스는 링컨의 전기에서 다음과 같이 썼다.

그동안 대통령이 정치적인 경쟁자들을 정부각료로 임명한 사례는 전혀 없었다. 링컨이 자신과 여러 면에서 생각이 다른 적대자들을 각료로 불러모은 것에 대해 사람들은 스스로 파멸을 자초하는 것처럼 우려를 나

타냈다.

하지만 링컨의 이러한 결정은 자신과 비슷하거나 혹은 자신보다 더 강하고 능력 있는 보좌관들을 원한다는 진정한 의도에서 이루어졌다.

링컨은 자신과 다른 반대의 생각을 가진 사람들에게 무시당하고 이용당할 수 있다는 두려움을 가지고 있지 않았다. 이러한 사실은 링컨이 리더십을 행사하는 데 있어 옹졸하거나 확신의 부족으로부터 벗어나 있다는 것을 보여주는 것이다.

대통령 취임 초기 건국 이래 누구도 가보지 못한 가장 어려운 항해를 하게 된 링컨은 오로지 하나의 목적에 충실했다.

바로 연방수호가 그것이다. 연방수호를 위해 링컨은 자기와 다른 주장을 하는 사람, 자기를 비방하고 깔보았던 사람, 끊임없이 차기 대통령 자리에 도전하는 사람, 심지어 자신과 정당이 다른 사람을 내각에 합류시켰다. 그리고 이들에게 자신의 권한을 과감하게 위임함으로써 그들로부터 최고의 능력을 이끌어냈다.

확신에 차서 과감하게 권한위임을 했던 시어도어 루스벨트 대통령은 이렇게 말했다.

가장 유능한 리더는 자신이 하고자 하는 것을 잘 수행하는 뛰어난 능력을 가진 사람을 찾아내는 감각을 가진 사람입니다.

또한 찾아낸 사람들이 각자 책임감을 가지고 일할 때 일일이 간섭하지 않는 자기 절제력을 지닌 사람입니다.

링컨은 그렇게 했다. 링컨은 자신이 하고자 하는 바를 잘 수행할 사람을 찾는 데 최고의 감각을 가지고 있었다. 또한 그는 찾아낸 사람들이 일을 하고 있을 때 일일이 간섭하지 않았다. 그들에 대한 굳은 믿음을 통한 권한위임은 링컨 리더십의 또 하나의 핵심이다.

앞에서 살펴보았듯이 시워드는 대통령 후보를 놓고 링컨과 경쟁한 최대의 라이벌이었다. 우여곡절 끝에 링컨이 승리하여 대통령에 당선되었지만 학력과 경력을 비롯하여 겉으로 보이는 거의 모든 면에서 링컨보다 우위에 있었던 시워드는 링컨을 대통령으로 인정하지 않았다.

하지만 링컨은 자기를 도와 위기에 처한 미국을 잘 이끌 사람으로 시워드를 지목하고 그에게 국무장관직을 부탁했다.

처음에 시워드는 링컨이 능력이 부족해서 그런다고 생각하고 국무부뿐만 아니라 다른 부서의 중요 인사마저 관여했다. 이에 링컨이 제재를 가하자 시워드는 취임도 하기 전에 사표를 냈다. 하지만 링컨은 다시 시워드를 찾아가 설득했다.

그 후 링컨의 진가를 알게 된 시워드는 링컨이 대통령직을 수행하는 4년 동안 가장 능력 있는 장관으로 일했다. 그는 링컨에게 수많은 아이디어와 합리적인 의견을 주었다. 또한 링컨의 연설과 선언에 대해 합리성과 시의성에 관한 조언을 아끼지 않았다.

대통령의 시워드에 대한 믿음과 이에 따른 과감한 권한위임이 이런 결과를 가져온 것이다. 사실 링컨은 외교문제 있어서는 거의 모든 것을 시워드에 일임했다. 그뿐 아니라 링컨은 국정 전반에 걸쳐 시워드에게 권한을 위임하고 수시로 그를 칭찬했다.

남북전쟁 당시 영국과의 관계를 비롯하여 복잡한 외교문제를 시워드 혼자 힘으로 해결한 것은 분명 아니다. 하지만 링컨으로부터 절대적인 신뢰를 받으며 권한을 위임받은 시워드는 대통령의 목적을 달성하기 위해 최선을 다한 것은 분명한 사실이다.

군사문제에 관한 한 링컨은 문외한과 마찬가지였다. 그러나 남북전쟁을 승리로 이끌었다. 뛰어난 능력을 가진 사람을 찾아 그에게 권한을 위임한 링컨의 리더십 때문에 가능했다.

스탠턴 역시 변호사 시절이나 대통령에 당선이 된 후에나 링컨에 대해 적대적이었다. 스탠턴이 속해 있는 정당은 민주당이었다.

그럼에도 링컨은 카메런의 부정행위를 수습하고 철저한 국방개혁을 주도해 궁극적으로 전쟁에서 승리를 이끌어낼 수 있는 사람은 스탠턴만한 인물이 없다고 생각했다. 그래서 여러 보좌관들의 반대에도 불구하고 링컨은 스탠턴을 전쟁장관에 임명했다.

한때 스탠턴은 역시 링컨을 얕보고 있었던 매클레란 장군과 친밀한 관계를 유지했다. 하지만 그는 제대로 된 전투를 한 번도 하지 않고 군사작전을 지연하기만 하는 매클레란으로부터 멀어졌다. 스탠턴이 보기에 전쟁에서 승리하기 위해서는 과감한 행동과 작전을 펼쳐야 한다는 링컨의 주장이 옳았기 때문이다.

링컨의 생각대로 전쟁장관이 된 스탠턴은 전정부를 효율적으로 개혁해 나갔고 전쟁에서 승리하기 위해 최선을 다했다. 링컨 역시 스탠턴에게 군사문제와 관련한 거의 모든 것을 위임했다.

　링컨은 각종 군사관련 서류들을 서명할 때 그 서류의 내용보다는 다른 하나에 집중했다. 바로 그 서류에 스탠턴의 서명이 있는지를 확인했다. 링컨은 스탠턴이 서명을 했다면 그 내용은 문제가 없을 거라고 믿었던 것이다.

　전쟁을 치르면서 링컨은 여러 장군들을 사령관으로 임명했다. 하지만 누구보다도 전쟁을 승리로 이끌어줄 사람으로 믿었던 총사령관 매클레란은 링컨의 기대에 부응하지 못했다. 매클레란의 지연작전에 의원들과 보좌관들은 책임을 물어 그를 해임해야 한다고 주장했다.

　하지만 링컨은 "나는 그를 믿습니다. 그가 전쟁에서 이기기만 하면 나는 그의 말고삐를 잡아주는 사람이 되어도 상관없습니다."라고 방패막이 되어주었다.

　그리고 링컨은 매클레란에게 "어느 때보다도 장군에게 강한 믿음과 우의를 느끼고 있으며, 중대한 임무를 맡기니 더 이상 머뭇거리지 말고 공격을 하라."는 편지를 보냈다. 하지만 매클레란은 자신의 방법을 바꾸지 않았고 결국 해임되었다.

　링컨이 포토맥 지역 사령관에 임명한 미드 장근에게 보낸 편지는 권한위임으로 리더십을 발휘하는 링컨의 모습을 너무나 잘 보여준다.

장군은 총사령부로부터 어떤 작고 사소한 제한이라도 받지 않을 것입니다. 장군의 군대는 어떤 상황에 직면하게 되든지 타당하고 적절하다는 장군의 판단에 따라 자유롭게 작전을 펼치십시오.

이 편지를 받은 미드는 남북전쟁의 이정표를 만들어준 게티즈버그 전투를 승리로 이끌었다.

전쟁 말기에 총사령관에 임명된 그랜트에 대한 믿음 또한 권한위임의 좋은 예다. 그랜트의 호언장담에도 불구하고 전쟁은 좀처럼 끝나지 않았다. 와일드니스 전투 등에서는 막대한 인명손실을 내기까지 했다.

이에 북부의 여러 언론을 비롯한 많은 사람들이 그랜트를 해임할 것을 요구했다. 하지만 링컨은 "장군은 끈기로 반드시 승리할 수 있다."라고 믿어 의심치 않았다. 그리고 링컨은 그랜트가 하고자 하는 일을 전폭적으로 지원했고 그의 일에 일일이 간섭하지 않았다.

링컨은 신뢰를 통해, 구성원의 충성과 협력을 자연스럽게 이끌어냈다. 장군과 각료들은 자신을 믿고 큰 일을 맡겨주는 링컨에게 무한한 충성심을 발휘했다.

기업에도 이런 자세는 매우 중요하다. 많은 기업들이 비즈니스 리엔지니어링, 학습 팀 운영, 팀제 운영, 자율경영 등 많은 혁신적인 활동들을 펼치지만 과연 몇 퍼센트나 성공을 할까? 대개의 기업은 실패를 거듭한다. 여기에는 여러 가지 이유가 있다. 준비 미흡, 구성원의 능력, 최고 경영층의 열정과 헌신 부족, 시스템 미비 등을 들 수 있다. 그러나 그것보다 더욱 중요한 것이 있다. 바로 신뢰다. 기업 내부의 신뢰는 매우 중요하다. 신뢰가 있어야 충성심도 생기고, 스스로 노력하려는 의지도 생긴다. 또한 신뢰는 협동과도 밀접하다. 그것은 상호협동을 가능하게 한다. 특히 불확실한 상황에서는 더욱 중요하게 작용할 수 있다. 팀 활동 같은 소모임에서조차 신뢰가 없다면 상호 협동이 쉽지 않아 환경에 신속한 대응이 힘들어진다.

유능한 인재를 찾고 굳건한 신뢰를 바탕으로 그에게 권한을 위임하여 원하는 목표를 달성하는 것이 위대한 리더의 자질이다. 바로 링컨이 모델이다.

HP는 여러 가지 구체적인 방법으로 구성원들에게 신뢰하고 존중해왔다. 1940년대에는 말단부터 사장까지 똑같은 티율로 보너스를 지급하는 생산 보너스 제도를 도입했다. 또 그 당시 소규모 업체에서는 엄두도 낼 수 없는 의료보험 혜택을 직원들에게 제공하였다. 1950년대에 회사가 기업을 공개하였을 때 6개월 이상 근무한 모든 직급의 직원들에게 주식배당을 해주었고, 스탁옵션 프로그램에도 참여할 수 있게 했다. 그 후로도 25퍼센트의 회사 지원을 바탕으로 종업원지주제 프로그램도 도입했다.

HP는 여러 가지 금전적인 보상제도를 통해 회사의 이익을 공유한다는 자긍심을 구성원들에게 심어주었고, 이를 통해 회사에 대한 믿음을 높였다. 이런 금전적 보상제도는 확신에 찬 권한위임으로 구성원들과 회사가 하나가 될 수 있다. 정당한 보상은 회사가 구성원들에게 이윤을

환원하기 위해 노력한다는 느낌을 줄 것이다. 결국 회사는 구성원들에게 최대한의 자율권을 주고 참여경영을 유도해 신뢰를 높일 수 있다.

포드사는 생산직 사원들을 품질 향상 노력의 핵심 일원으로 참여시켰다. 이러한 참여경영은 구성원들에게 회사에서 자신이 꼭 필요한 존재라는 주인의식을 심어주었다. 결과적으로 구성원들은 회사에 대한 신뢰감을 갖게 된다. 그러나 참여경영을 위해서는 구성원들이 그럴 만한 실력을 갖추어야 한다. 따라서 회사는 엄격한 선발과정 그리고 교육훈련을 통해 구성원 하나하나를 전부 핵심인재로 만들어가야 한다.

세계 최대 유통업체인 월마트는 신뢰로 뭉쳐져 있다. 월마트 본사나 점포를 방문해보면 곳곳에 다음과 같은 구호가 붙어 있다.

우리는 뭔가 다른 것을 창출해낸다.

이는 월마트의 구성원들에 대한 신뢰를 단적으로 보여주는 예다. 월마트는 이러한 신뢰를 바탕으로 구성원들에게 회사가 그들을 위해 무언가를 하고 있다는 것을 보여준다. 우선 개방정책, 토요 회의 등을 통해서 모든 사람들이 정보를 공유하고 의사결정에 참여한다. 또한 근속연수 및 성과를 가지고 액면가로 주식 매입을 하게 하며, 전구성원이 시가의 70퍼센트 이하로 주식매입을 할 수 있도록 한다. 실제로 월마트에서는 이러한 제도에 의해 근속 연수 10년 이상의 종업원의 경우 10만 달러에서 300만 달러까지 이익을 얻고 있다.

그러나 신뢰를 위한 월마트의 활동은 시스템적인 것에서 그치지 않고, 최고 경영층의 의지와 철학을 전하면서 이루어진다. 월마트의 고객과 현장을 중시하는 철학이 최고 경영자들의 구체적이고도 상징적인 행동을 통해 구성원들에게 전해진다. 창업자 샘 월튼은 가끔씩 월마트 응원단의 열광적인 연주 속에 매장 카운터로 뛰어올라 환호하는 수백 명의 직원들을 지휘하며 사업에 대한 열정을 보여주었고, 이러한 전통을 이어받은 현재의 최고 경영자들도 아기 용품 관촉 행사를 할 때면 아기들 옷을 입고 행진을 하기도 한다. 또한 최고 경영자도 직접 커피를 타 마시며, 최고 경영자를 또한 4평 남짓한 작고 검박한 사무실을 사용하고 있으며, 현장방문을 자주 함으로써 구성원들의 의욕을 높이고 있다. 이렇듯 그들은 날마다 '한판 벌려보자'며 신나게 회사를 운영해나가고 있으며, 구성원들에게 끝없는 열정을 보여주고 있다.

최고 경영층의 이런 행동들이 그저 재미만을 위한 걸까? 아니다. 사업에 대한 최고 경영층의 열정과 열망을 구성원들에게 직접 보여줌으로써 그들에게 동기부여를 하고, 신뢰를 탄탄히 하려는 고도의 전략이 숨어 있는 것이다. 결과적으로 이는 구성원들의 헌신적인 노력을 이끌어낸다.

중간 관리자들의 태도는 어떠한가? 월마트의 특징은 서로에게 책임을 전가하는 경우가 없다는 것이다. 문제가 생기면 리더는 누구나 실수할 수 있다며 부하 직원을 다독이며, 그와 함께 공동으로 문제를 해결해나간다. 여기서 서로 간에 믿음이 생긴다. 즉 끈끈한 동료의식에 바탕을 두고 모든 문제를 공동으로 해결해나간다. 또한 월마트의 개방정책 역시 신뢰를 쌓아가는 데 결정적인 역할을 한다. 예를 들어 상사의 평가가 못마땅하다고 여길 때에는 직접 그 상사를 찾아가 그 문제에 대해 의견을 주고받을 수 있다. 이 과정을 통하여 서로 간의 불신을 없애는 것이다.

신뢰를 바탕으로 공동목표를 향해 나아가는 월마트도 이윤을 추구하는 기업이니만큼 매우 강력하게 성과를 강조한다. 그러나 다른 기업들과 차별화되는 것은 이러한 강력한 성과에 대한 요구를 구성원들이 아무런 거부감 없이 받아들인다는 것이다. 회사를 강력하게 믿고 있는 월마트의 구성원들은 그러한 요구를 거부하기보다는, 목표를 달성하려면 좀더 많은 일을 해야겠다는 자세를 보여주고 있다. 이러한 신뢰를 기반으로 한 성과주의가 지금의 월마트를 있게 한 원동력이다.

불확실한 환경하에서 기업이 살아남으려면 위에서 보았듯이 기업 내부의 신뢰구축이 절실하다.

 링컨의 경영노트

임파워먼트는 사람에 대한 확신이다.

좋은 기업은 일이 아닌 '사람'을 주체로 삼는다. 그리고 구성원 간의 믿음이 조직의 경쟁력을 낳는다. 오케스트라 지휘자는 자기는 정작 아무 소리도 내지 않는다. 그는 연주자들로 하여금 얼마나 소리를 잘 내게 하는가에 따라 능력을 평가받는다. 사람에 대한 확신이 없으면 명지휘자라고 할 수 없다.

Chapter 8

승리를 이끄는 원칙의 힘

● ○ ○

CHANGE & CHANCE

"나는 기회가 올 것에 대비하여 배우고,
언제나 닥칠 일에 대비할 수 있는 준비를 하고 있다."

GE의 전 CEO였던 잭 웰치에게 기자들이 물었다.

"어떻게 하여 GE를 150여 년 동안 생명력을 가진 세계적인 기업으로 육성시켰나요?"

잭 웰치의 대답은 단 한마디였다.

"변화!"

링컨의 인생도 변화의 연속이었다. 링컨은 켄터키 주의 가난한 농부의 아들로 태어나 학교에 다닐 기회가 없었다.

아홉 살 때 어머니의 사망으로 링컨은 그나마 조금 가까이할 수 있었던 책조차 볼 수가 없었다. 하지만 새어머니 사라는 천사 같은 존재였다. 새어머니의 도움으로 링컨은 독서를 할 수 있었고 비록 1년도 채

안 되지만 학교를 다닐 수 있었다.

글을 읽게 되면서부터 링컨은 가난과 농사일로부터 벗어나는 길은 독서라고 생각했다. 그는 많은 책을 읽었고 그 당시 정규학교를 다닌 아이들보다 더 풍부한 지식을 가진 청년으로 성장했다.

아마도 이때 읽은 책의 영향을 받아 링컨은 정치를 결심한 것이 아닌가 싶다. 워싱턴을 비롯한 미국 건국의 아버지들의 영웅적인 삶과 개척정신의 숭고함을 보고 링컨은 감동을 받았을 것이다.

링컨은 주어진 생활에서 변화하려고 기회를 엿보았으며 21세에 집을 떠나 도시에 정착했다. 링컨은 점원과 잡화점을 경영하면서 꿈을 꾸었다.

지역에서 상당한 인기를 얻고 있었던 링컨은 23세의 젊은 나이에 주의회 의원에 도전했다. 하지만 그는 낙선했다.

변화를 꿈꾸는 그는 군에 입대했다. 하지만 링컨은 군대에 관한 지식이 부족하여 결국 3개월 남짓 있다가 제대를 해버렸다.

또다시 변화를 찾아야 했다. 링컨은 군대에서 인연을 맺은 사람의 도움으로 군의 측량기사로 일할 수 있었고 동시에 우체국장 일도 할 수 있었다.

남들보다 두 배로 일을 했지만 링컨의 손에서는 책이 떠나지 않았다. 그리고 끊임없이 새로운 변화를 시도했다.

그는 25세에 주의원에 다시 도전하여 당선되었고 변호사 공부를 시작했다. 링컨은 3년 만에 변호사 시험에 합격하였고 그 후 연속 4번이나 주의원에 당선되었다.

링컨은 곧바로 주의원직을 사임하고 매리 토드와 결혼을 했다. 그는 변호사 일에 전념하다가 37세에 연방 하원의원에 도전하여 당선되었다. 그러나 그 후 몇 차례에 걸쳐 하원의원과 상원의원에 도전하였지만 패배의 쓴잔을 마셨다.

하지만 링컨은 삶의 변화를 결코 포기하지 않았다. 학연, 지연, 혈연 등 거의 모든 면에서 인맥이 부족했지만 1860년 대통령 선거에 도전장을 냈다.

반드시 기회가 온다는 신념을 가진 링컨은 다시 한 번 변화를 시도해 당당히 대통령에 당선되었다.

사람들은 자신이 간절히 원하던 것을 성취하고 나면 더 이상의 변화를 꺼리는 경향이 있다. 하지만 링컨은 대통령이 되었다고 해서 변화를 멈추지 않았다.

어떻게 하면 위기에 처해 있는 연방을 구하고 건국이념을 실현할까에 온 정신을 쏟았다. 그에게 이상적인 정치와 현실정치는 똑같은 의미였다. 이러한 정신이 전쟁을 피하여 안정을 선택하기보다 누구도 예측할 수 없는 변화의 소용돌이인 전쟁을 선택하도록 했을 것이다.

칭기즈칸은 성공과 실패를 다 맛보았다. 변화를 시도했을 때 '유라시아 대륙의 단일시장' 구축이라는 위대한 업적을 달성했다. 하지만 안정을 추구했을 때 그는 대제국의 몰락이라는 황량한 먼지를 들이마셔야 했다.

링컨처럼 변화를 시도하라. 링컨은 어느 한 곳에 머물러 있지 않았다. 그것이 직위든 직업이든 링컨은 끊임없이 움직였다. 활동 속에서 변화를 시도했고 그것이 링컨에게 새로운 기회를 가져다 주었다.

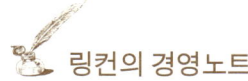 링컨의 경영노트

변화 앞에서 당당해져라.

처음부터 가진 게 없었던 링컨은 늘 변해야만 살아남을 수 있었다. 수많은 변화 속에서 자신에게 온 기회를 놓치지 않았던 링컨은 결국 한 나라의 지도자가 되었다. 현대는 속도전쟁의 시대다. 숨 가쁘게 변해가는 세상에 발맞추려면 변화에 유연하게 대처할 수 있는 태도와 변화 속 기회를 걸러낼 수 있는 센스를 키워야 한다.

큰일을 이루는 조그만 용기

"어떤 일을 할 수 있고, 해야 한다고 생각하면, 길은 열리게 마련이다."
위대한 리더들은 한결같이 나폴레옹 힐이 얘기한 "시도하라, 그러면 얻을 것이다."를 실천했다. 이 말은 성경에 나오는 "두드려라, 그러면 열릴 것이다."와 일맥상통하는 말이다.

링컨은 본능적으로 시도하지 않으면 그 어떤 것도 얻지 못한다는 이 말을 알고 있었다. 어머니 낸시가 죽자 시골 촌구석에서는 목사가 없어 장례식도 치를 수 없었다. 아버지는 어머니 시체를 거적으로 동여매어 차디찬 땅바닥에 묻어주었을 뿐이다.

며칠 후 링컨은 이제 막 깨우친 짧은 글 실력으로 시내에 있는 목사에게 편지를 썼다. 일을 해주고 얻은 종이와 빌린 연필을 가지고 링컨은 목사에게 어머니의 무덤까지 와서 장례식을 집전해줄 것을 간곡히 부탁했다.

목사에게서 해주겠다는 답장이 왔고 눈이 녹은 뒤 어머니의 무덤 앞에서 장례식을 치렀다. 어린 링컨이 시도를 통해 얻은 최초의 열매였다.

노예해방선언을 한 링컨에게 프랑스 기자 마벨이 질문을 했다.

"전임 대통령 뷰캐넌과 피어스 역시 노예해방을 생각했지만, 그들이 일을 하지 않고 당신에게 넘겼기 때문에 당신이 노예해방선언을 하게 된 것이 아닌가요?"

링컨은 이렇게 답했다.

"그럴 수도 있습니다. 하지만 펜을 잡고 서명을 하는 데는 조그만 용기가 필요합니다. 용기는 두려워하지 않는 것이 아니라, 두려움에도 불구하고 시도하는 것이랍니다."

두려움에도 불구하고 시도하는 링컨의 용기는 그의 타고난 호기심에서 비롯되었을 것이다. 그는 새로운 것을 배우고자 하는 욕망이 누구보다 강했다. 그리고 그것이 타당한 것이라면 호기심을 가지고 끝까지 파헤쳤다.

대통령이 되었을 때 연방을 탈퇴한 남부동맹이 섬터 요새를 위협했다. 링컨도 두려웠다. 죽고 죽이는 참혹한 전쟁을 치러야 할지도 몰랐기 때문이었다.

많은 사람들은 남부가 바라는 대로 해주자고 권고했지만 링컨은 고민했다. 요새를 지원할 할 것인가, 남부의 요구를 들어줄 것인가?

이 순간 링컨은 대의를 생각했고 어떤 선택이 대의를 실현하는 것인가에 집중했다. 그 결과 링컨은 수많은 사상자를 낼 수 있는 전쟁의 참혹함에 대한 두려움에도 불구하고 요새를 지원하기로 결정했다.

링컨은 전쟁에서 승리하기 위해 끊임없이 시도했다. 장군들에게 대통령으로서 해줄 수 있는 모든 것을 약속했다. 전쟁에서 승리를 가져온다면 뭐든지 지원을 아끼지 않겠다고 했다.

링컨은 행동을 통해서만 전쟁에서의 승리가 가능하다는 것을 알고 있었다. 그래서 링컨은 매클레란에게, 맥도웰에게, 후커에게 그리고 그 뒤에도 여러 장군들에게 과감한 행동을 요구했다. 하지만 이들은 하나같이 소극적이었고 방어적이었다.

링컨이 "나는 이 전선에서 끝까지 싸울 것입니다. 이곳에서 이 여름을 다 보낸다 해도 상관없습니다."라고 한 그랜트의 끈질긴 의지에 강한 신뢰를 보냈다.

링컨은 그랜트의 의지를 변화를 위한 시도로 보았다. 행동하는 리더는 반드시 승리를 할 수 있다는 확신을 가지고 있기 때문이다.

 링컨의 경영노트

인생이란 말의 의미는 외나무다리를 건너는 용기다.

삶을 뜻하는 생(生)이라는 한자는 소(牛)가 외나무다리를(一) 건너는 모습을 형상화한 것이다. 삶의 외나무다리. 외나무다리를 건너는 것은 굉장한 용기를 필요로 한다. 천길낭떠러지 위를 건너며 한발 한발 두려움 위를 디뎌야 하기 때문이다. 하지면 용기를 내 걷지 않는 이상 인생은 멈추고 위태로움은 사라지지 않는다.

● ○ ○

세상을 개선하려는 열망

"내가 바라는 것이 있다면, 내가 있음으로 해서
이 세상이 더 좋아졌음을 보는 일이다."

링컨 연구가 필립스는 링컨이 미국의 역대 대통령 중 그 누구보다도 혁신을 추구한 대통령이었다고 술회한다. 또한 링컨은 특허권을 가진 유일한 미국 대통령이었다.

1849년 3월 10일 링컨은 '정박해 있는 배를 보다 잘 뜰 수 있게 만드는 새로운 방법'으로 특허권을 획득했다. 이 특허권을 받고 난 후 링컨은 혁신에 대한 자신의 열정을 다음과 같이 표현했다.

이 나라의 특허제도는 한정된 기간이지만 일정 기간 발명가가 자신의 발명을 독점적으로 사용할 수 있도록 보장하고 있다. 이 보장에 따라 천재들의 열정에 이익이라는 연료를 더해줌으로써 새롭고 유용한 것을 발명하고 생산할 수 있도록 하고 있다.

대통령이 되어 어쩔 수 없이 전쟁을 하고 있을 때 링컨은 유능한 군인들이 북부 연방군에 남아주기를 간절히 바랐다. 하지만 리를 비롯한 유능한 군인들이 남부를 선택하자 링컨은 전쟁에서 승리를 위해 더 한층 노력을 해야 했다.

하나는 전쟁을 수행할 유능한 장군을 찾는 것이었고 다른 하나는 새롭고 혁신적인 무기를 만들어내는 것이었다. 새롭고 혁신적인 무기야말로 하루빨리 전쟁을 끝낼 수 있는 요인이라고 링컨은 생각했다.

전자의 경우는 스콧에서 매클레란을 거쳐 그랜트를 찾기까지 열정을 가지고 노력했다. 그 과정에서 실패한 인사도 있었지만 링컨은 실패로 생각지 않았다. 행동하는 장군을 찾고자 하는 링컨의 끈질긴 노력은 결국 그랜트를 찾아냈고 그랜트는 링컨에게 승리를 가져다 주었다.

혁신적인 무기를 발명하기 위해 링컨은 새로운 아이디어에 대한 열망을 불태웠다. 앞에서 살펴보았듯이 링컨은 대통령이 되면서 백악관을 개방했는데 이때 수많은 기업가들과 발명가들이 백악관을 찾아들었다. 또한 링컨은 전쟁을 빨리 끝낼 수 있는 새로운 발명품을 개발했으니 이를 구입하라는 내용의 편지를 하루에도 수백 통씩 받았다. 이를 통해 링컨은 새롭고 효과적인 무기의 중요성을 충분히 인식했다.

새로운 무기에 대한 링컨의 열정과 관심으로 만들어진 발명들은 다음과 같은 것들이 있다.

아직 공군에 대한 개념조차 미약했을 때 링컨은 정찰용 열기구의 중요성을 인식했다. 또한 링컨은 포토맥 강을 빠르게 건널 수 있게 하는 배다리의 중요성을 인식했다. 당시 연방군의 해군에는 목조 전함이 전부였는데 링컨의 적극적인 후원으로 연방군은 최초의 철갑선인 '모니터 호'를 건조할 수 있었다.

뿐만 아니라, 링컨은 수소 로켓, 새로운 형태의 탄환, 화염방사기, 화약 그 외 많은 군수품을 직접 살펴보았다.

링컨은 새롭고 성능이 월등한 신형 후장식 대포와 신형 후장식 소총의 개발에 따른 지원을 아끼지 않았다.

링컨은 이러한 발명품을 만든 발명가를 만나 격려를 했고 그 발명품이 투입된 현장에 직접 참가하여 시현해보기도 했다. 한번은 내각회의에서 링컨은 신형 후장식 대포의 성능을 직접 시현해 보이기도 했다.

아무런 준비가 없었던 전쟁에서 연방군이 승리할 수 있었던 한 배경에는 링컨의 새로운 무기에 대한 끝없는 열정이 적지않은 기여를 했다고 볼 수 있다.

원칙이 있기에 유연하다

"누구든지 외로울 때 나는 그의 편에 서고
누구든지 불의할 때 나는 그를 떠나리라."

리더의 자질 중 일관성의 유지는 매우 중요하다. 팔로워에게 제시하는 목표와 비전이 실현될 때까지 일관성을 유지하는 것은 리더가 가져야 할 자질 중의 하나다. 리더가 제시하는 목표와 비전이 자주 바뀔 때 팔로워는 방향을 잃게 마련이고 그 조직은 실패하는 것이다.

또한 인간으로서의 본질적인 면 역시 리더가 갖추고 있어야 할 일관성의 영역이다. 그 어떤 것도 본질적인 휴머니즘을 능가할 수 있는 것은 없기 때문이다.

이런 면에서 링컨은 누구보다도 일관성이 뛰어난 리더였다. 그는 연방수호와 노예해방이라는 목표와 비전 그리고 휴머니즘의 실현에 대해서는 타협의 여지를 전혀 남겨두지 않았다. 링컨에게 있어서 연방수호와 노예해방은 반드시 실현되어야 할 대의였다.

하지만 링컨은 이 대의를 실현하는 방법에 대해서는 누구보다도 유연했다. 어떤 리더십 전문가들은 목표와 이를 실현하는 방법에 일관성을 유지해야 한다고 주장한다. 그러나 링컨의 유연성은 이들 전문가들이 걱정하는 수단과 방법을 가리지 않고 본래의 목적을 흐리게 하는 독재적 형태를 벗어나 있었다.

링컨의 유연성은 목표달성을 위한 것이었다. 그것은 온갖 수단과 방법을 써서 본래의 목적을 흐리게 하는 것이 아니었다. 링컨의 유연성은 목표달성에 보다 근접할 수 있는 최선의 방법을 새롭게 선택하는 것이었다.

누구보다도 자유, 평화, 친절, 설득, 관용, 용서, 유머를 삶의 지표로 삼았던 링컨이 전쟁을 선택했다. 이는 연방수호라는 타협할 수 없는 절대적인 목표달성을 위한 링컨의 유연성이었다.

어쩔 수 없이 선택한 전쟁에서 목표를 위해 승리를 해야 했고 이 승리를 위해 링컨은 유연한 방법을 선택했다.

아직도 논란이 되는 문제로, 링컨은 당시까지의 대통령이 사용했던 권한을 초월하여 초법적인 힘을 쓴 적이 있다. 의회와 사법부 동의 없이 인신보호영장청구권을 금지시켰고 계엄령을 선포한 것이다. 또한 링컨은 전쟁자금 마련을 위해 새로운 지폐 발행을 재무장관 체이스의 반대를 물리치고 실현시켰다. 링컨이 선언한 노예해방선언도 마찬가지였다. 이 점에서 링컨 연구가들은 입법부와 사법부에 대해 링컨이 대통령의 권한을 강화했다고 밝히고 있다.

비록 자신의 행동이 헌법에 위배될 수 있는 소지가 있었지만 링컨에게는 헌법보다 연방보존이 우선순위였다. 또 링컨은 헌법을 규정대로 지키는 것보다 대의적인 목표달성과 휴머니즘의 실현, 자유와 평등의 실현이 더욱 중요하다고 생각했다.

링컨은 자신에 대한 비난에 대해 다음과 같이 말했다.

> 나의 정책은 정책이 없는 것입니다. 나는 사용할 수 있는 카드를 사용하지 않은 채로 이 게임을 결코 포기하지 않을 것입니다.

이는 링컨이 얼마나 유연한지 알 수 있는 대목이다.

링컨은 법적으로는 사형을 집행할 수밖에 없는 탈영병들을 사면해주었다. 그는 아직 전투에 미숙한 소년병사와 가정을 전적으로 책임질 수밖에 없는 군인은 제대시켜주었다. 물론 이러한 조치는 군사령관의 동의하에 이루어졌다.

링컨의 유연성은 인사 스타일에서도 그대로 드러난다. 남부동맹은 시종일관 로버트 리를 총사령관으로 삼고 있었지만 연방군의 총사령관은 수시로 바뀌었다. 목적달성에 충실한 장군을 찾는 데 열정을 쏟은 링컨은 장군들을 유연하게 대했다.

앞에서 보았듯이 내각을 구성하는 문제에 있어서도 링컨은 기존의 관습을 뛰어넘었다. 이전의 적을, 서로 당이 다른 사람을, 끊임없이 반대하는 사람을 각료로 받아들였다.

링컨은 전쟁에서 승리를 해야 했지만 휴머니즘을 파괴하면서까지 승리하고 싶지는 않았다. 그래서 링컨은 관용과 용서를 목표달성을 위한 방법론으로 채택했다.

북부의 승리가 예견되는 가운데 전후 처리문제는 승리한 자들에게는 큰 기대감을 주었다. 거의 모든 사람들이 남부동맹에 대한 철저한 손해배상과 처벌을 원했다. 그러나 링컨은 관용과 용서를 통한 통합의 리더십을 발휘했다.

역사적으로 전쟁에서 승리한 세력이 패배한 세력에게 보복하는 것은 당연한 것이었다. 하지만 링컨은 보복과 처벌은 또 다른 보복을 낳을 수 있다는 것을 알고 있었다. 링컨은 자신 있게 관례를 벗어난 유연한 선택을 했다.

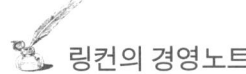 링컨의 경영노트

승리를 이끄는 원칙의 힘, 휴머니즘.

더 이상 조직을 관리만 하던 시대는 갔다. 리더는 혁신을 해야 한다. 하지만 무조건 변해야 한다는 의욕만으로는 조직을 이끌 수 없다. 사람들이 자연스레 변화를 받아들일 수 있는 유연성을 갖춰야 한다. 링컨은 전례 없는 정책으로 나라를 이끌었지만 사람들이 그를 따를 수 있었던 것은 바로 '휴머니즘'이 밑바탕 되어 있었기 때문이다.

참고문헌 ● ○ ○

그리스만,《위대한 지도자 링컨》, 작은 씨앗, 2005.
김동길,《링컨의 일생》, 샘터, 2000.
김무곤,《NQ로 살아라》, 김영사, 2004.
김형곤, "링컨 대통령의 리더십의 실체",《미국사연구》제25집, 2007.
김형곤,《나를 깨우는 위대한 여행》, 매일경제신문사, 2006.
김형곤,《위대한 대통령 끔직한 대통령》, 한언, 2000.
데이비드 허버트 도널드,《링컨》1·2, 살림, 2003.
로리 베스 존스,《최고 경영자 예수》, 한언, 2005.
우지앙, 장용, 왕영차이,《미국 대통령家의 가훈》, 리틀북, 2007.
존 맥스웰,《리더십의 21가지 불변의 법칙》, 청우, 2004.
존 홈스, 카린 바지,《링컨처럼 말하라》, 생명의 말씀사, 2006.
크리스 월리스,《대통령의 위기》, 이가서, 2005.
황혜성, "남북전쟁기 링컨 대통령의 리더십",《미국사 연구》제17집, 2003.
Basler, Roy P. ed. *The Collected Works of Abraham Lincoln*. 1–8, New Brunswick, N.J.: Rutgers University Press, 1953.
Boller, Paul F. *Presidential Anecdotes*, New York: Oxford University Press, 1981.
Burns, James M. *Leadership*, New York: Harper & Row, 1979.
Collins, Jim. *Good to Great: Why Some Companies Make the Leap… and Others Don't*, Colorado: Collins, 2001.
Corvey, Stephen R. *The 7Habits of Highly Effective People*, New York:

Free Press, 1994.

Donald T. Philips, *Lincoln on Leadership*, New York: Warner Books, 1992.

Fehrenbacher, Don E. "Lincoln's Wartime Leadership: The First Hundred Days," *Journal of Abraham Lincoln Association 9*, 1987.

Maxwell, John. *The 21 Irrefutable Laws of Leadership*, Tennessee: Thomas Nelson, Inc., 1998.

Miers, Earl S. ed. *Lincoln Day by Day*, Washington: U.S. Government Publication, 1969.

Schlesinger, Arthur M. Jr. "The Ultimate Approval Rating," *New York Times* (December 15, 1996), 46-51.

Schlesinger, Arthur M. Sr. "Historian Rate U.S. Presidents," *Life* (November 1, 1948), 65-74.

Steven Otfinoski, *Abraham Lincoln*, New York: Children's Press, 2004.

Welch, Jack. *Winning*, New York: HarperCollins Publishers, Inc., 2005.

원칙의 힘

초판 발행 | 2007년 9월 10일
2쇄 발행 | 2007년 10월 29일

지은이 | 김형곤
펴낸이 | 심만수
펴낸곳 | (주)살림출판사
출판등록 | 1989년 11월 1일 제9-210호

주소 | 413-756 경기도 파주시 교하읍 문발리 파주출판도시 522-2
전화 | 031)955-1350 기획·편집 | 031)955-1366
팩스 | 031)955-1355
이메일 | salleem@chol.com
홈페이지 | http://www.sallimbooks.com

ISBN 978-89-522-0708-1 13320

* 잘못된 책은 구입하신 서점에서 바꾸어 드립니다.
* 저자와의 협의에 의해 인지를 생략합니다.

값 11,000원

살림Biz 는 (주)살림출판사의 경제·실용 전문 브랜드입니다.